◆ 2003年年初，第一届大学生支农调研培训班在北京师范大学举办。

◆大学生支农调研队走在乡村的道路上。

◆ 2004年春天，翟城试验区生态农场开始筹建。

◆ 2004年春天，翟城试验区举行第一期农民培训班，来自全国各地的五十余位农民参加了培训。

◆ 2004 年，翟城试验区第一届农民培训班上。

◆翟城试验区的生态农人。

◆ 翟城的小朋友们在"开发民力，建设乡村"的标语下合影。

◆ 翟城试验区工作人员合影。

◆ 新乡村建设在各地推动建立的农民合作社，展示合作社产品。

◆ 新乡村建设在各地推动建立的农民资金互助社。

◆ 乡村的孩子们在阅读梁漱溟乡村建设中心编辑的大学生支农调研"红宝书"。

◆ 梁漱溟乡村建设中心在北京温泉村的大学生培训基地。

◆ 梁漱溟乡村建设中心发起的"新青年绿色公社",鼓励更多青年"走向农村,过有意思的生活"。

◆ 2010 年年底，温铁军教授与时任福建省教育厅副厅长一同为培田客家社区大学揭牌。

◆ 2010 年，在培田客家社区大学举办的"生态文明视野下的乡土文化复兴"大会上，温铁军教授与刘老石一起交流。

◆ 2012 年春天，培田客家社区大学举办的第一届培田春耕节现场。

◆ 2011 年，培田老人公益食堂挂牌成立。

◆ 2006 年年底，温铁军教授为海南石屋农村社区大学揭牌。

◆ 2012 年， 山西祁县农村社区大学举办小志愿者活动合影。

◆ 福建莆田汀塘社区大学文艺队欢送新兵入伍。

◆ 2007 年， 厦门国仁工友之家的工友发展委员会成员合影。

◆厦门国仁工友之家，后更名为日新工友服务中心。

◆厦门国仁工友之家的工友志愿者开展爱心义卖活动。

◆爱故乡计划于2012年在福建发起。这是109岁的黄埔军校毕业生题写的"爱故乡"。

◆ 2014 年，第五届爱故乡大会在福建农林大学举办。

◆（左图）2022年夏天，福建农林大学乡村振兴班学生参与"一班一村"计划，到乡村开展实践活动。

◆（右图）2012年，作者在福州故乡农园。

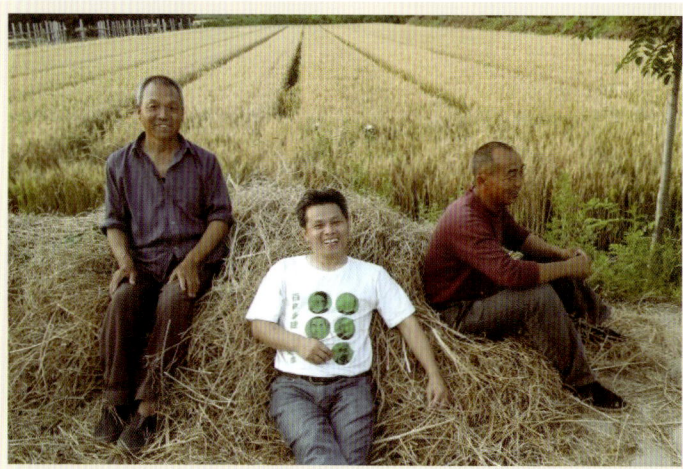

◆ 2013年夏天，作者在山西永济蒲韩合作社调研。

一个乡建工作者的
实践与思考

# 乡建手记

邱建生——著

人民东方出版传媒
People's Oriental Publishing & Media
东方出版社
The Oriental Press

**图书在版编目（CIP）数据**

乡建手记：一个乡建工作者的实践与思考／邱建生 著. —北京：东方出版社，2022.9
ISBN 978-7-5207-2776-1

Ⅰ.①乡… Ⅱ.①邱… Ⅲ.①农村—社会主义建设—研究—中国 Ⅳ.①F320.3

中国版本图书馆 CIP 数据核字（2022）第 073103 号

**乡建手记：一个乡建工作者的实践与思考**
（XIANGJIAN SHOUJI：YIGE XIANGJIAN GONGZUOZHE DE SHIJIAN YU SIKAO）

作　　者：邱建生
责任编辑：李　烨　李子昂
出　　版：东方出版社
发　　行：人民东方出版传媒有限公司
地　　址：北京市西城区北三环中路 6 号
邮　　编：100120
印　　刷：北京明恒达印务有限公司
版　　次：2022 年 9 月第 1 版
印　　次：2022 年 9 月第 1 次印刷
开　　本：660 毫米×960 毫米　1/16
印　　张：15.25
字　　数：123 千字
书　　号：ISBN 978-7-5207-2776-1
定　　价：68.00 元
发行电话：（010）85924663　85924644　85924641

# 序一

## 新乡村建设工作的经验归纳日益迫切

2021 年是党的"三农"工作重心从脱贫攻坚转向乡村振兴的开局之年。20 世纪以来，尤其是中华人民共和国成立以来，国家发展的大方向是推进工业化、城市化以自立于世界民族之林，工业、城市优先发展已经成了各级干部的工作习惯，党的十九大之后，如何做到在农业、农村优先发展的大方向上推进乡村振兴？这是需要我们好好思考的问题。

工业化导致乡村发展滞后。有鉴于此，民间一直有知识分子发起的乡村建设运动，例如，20 世纪张謇先生的"经营乡里"、梁漱溟先生的"乡村建设"、晏阳初先生的"平民教育"，这些过去民间的乡村建设经验值得今天的人们借鉴。

党中央也认识到了这一点，自党的十九大提出实施乡村振兴战略以来，习近平总书记多次提到 20 世纪的一些乡村建设前辈，他说，"新中国成立前，一些有识之士开展了乡村建设运动，比较有代表性的有梁漱溟先生搞的山东邹平试验，晏阳初先生搞的河北定县试验"。习近平总书记在江苏考察期间，专程前往南通博物苑，他在参观张謇生平介绍展陈时指出，张謇在兴办实业的同时，积极兴办教育和社会公益事业，造福乡梓，帮助群众，影响深远。为了总结 20 世纪乡村建设运动的经验，我带领的科研团队做了一系列研究，出版了《中国乡村建设百年图录》等书籍。

今天，党和政府推进乡村振兴，除了借鉴 20 世纪乡村建设运动的经验，还可以借鉴当代新乡村建设运动的经验。新乡村建设起步于"三农"问题日益严重的 21 世纪初，至今二十余年，基本和国家推动的"新农村建设"等同步。或者说，知识分子参与的新乡村建设是国家主导的新农村建设的一部分。二十余年里新乡村建设积累了很多宝贵经验，当务之急是把这种民间的、社会的、大众的发展经验归纳和总结出来。邱建生的这本书，就是这种归纳和总结的成果。

从在中国改革杂志社做记者开始，邱建生就参与了新乡村建设，可以说是为数不多的几个经历了新乡村建设整个过程的骨干之一，他的记述具有珍贵的史料价值。更难能可贵的是，他能以中西比较和城乡互看的整体视野重思内在于百年中国现代化进程之中的乡村建设，描述了民间那些活生生的人、活生生的事，使容易被忽略的那些很难进入正史的社会改良活动呈现出来。相信读者在阅读此书过程中，能感受到这种整体视野的启发。

作为当代新乡村建设运动的发起人和推动者，阅读此书勾起了我很多回忆，回过头来看，新乡村建设从起步到现在，一直和国家发展战略调整同步。国家发展大方向从工业、城市优先转变到农业、农村优先是一个渐变的过程。乡村振兴战略虽然是 2017 年党的十九大提出的，但早在 2002 年党的十六大国家就已经明确了战略性转变的意图，党的十六大之后的中央农村工作会议上，时任总书记的胡锦涛同志提出的指导思想，就是加强对农村的倾斜投入，把国家的农业投资主要用到村以下和农民相关的项目上。

我完全拥护党中央作出的战略性调整。作为研究农村发展的人员，我的基本观点是：第一，强调新农村建设的主体是广大农民；第二，主张从事人文社会科学研究的知识分子只有与我国农村实际相结合才能实事求是地做"真学问"。

2003 年党中央连续强调"'三农'问题乃重中之重"，我和一些学术界的朋友合作，先后指导和资助了一批青年知识分子下农村基层开展制度建设试验，并在翟城村免费培训农民。随后，又进一步资助受训农民回乡创办各种合作社和社会公益组织。在这些试验中形成的政策建议除书面材料外还有几次是向国务院领导当面汇报的，得到了积极回应。但后来，因为多种原因，包括基层政府的不理解，翟城试验中断。关于这段经历，邱建生在本书中有较具体的记载。这说明，在国家战略调整初期，一些基层政府还不能跟上中央的调整步伐。

但是，到 2017 年党的十九大提出实施乡村振兴战略之后，基层政府已经基本理解了党中央确立的"农业、农村优先发展"的大方向，表现在作者于本书中提到的"永春县生态文明研究院""永泰县乡村振兴研究院""大宁县乡村振兴研究院"等机构的运作。在当地政府的密切配合下，这些曾经的乡村建设推动者在生态文明建设和乡村振兴领域做出了可喜的成绩。

二十余年的新乡村建设，如同本书中所描述的，失败多于成功，其中甘苦"如人饮水，冷暖自知"。我一直强调，乡村建设不是简单的好人好事，也不能简单地以成败论英雄。20 世纪以来，中国越来越多地承载了全球危机成本转嫁，于是就越是如梁漱溟先生所说"他毁远远不如自毁"，越多地接受全球化成本转嫁，就越多地出现自毁。这个过程中所做的努力并不一定都是成功的，往往是眼泪多于欢笑，对此，我们早有自觉的认识。

但那又有什么？因为悲天悯人所以"知其不可为而为之"，这种精神自孔夫子以来已经融进了中国传统知识分子的血脉中，义之所在，不计成败。

值得庆幸的是，过去二十余年来，秉承着"维护民生、促进联合、提倡多元"的生态文明理念，这个以知识分子和青年学生为先导的、社会各个阶层自觉参与的、与基层农民及乡土文化结合的实践性的社会改良试验，如今已经在中华大地遍地开花，硕果累累，并且最终和国家乡村振兴战略融为一体。

纵观百年历史，这些乡村建设过程尚未进入我们主流教科书的视野。不仅早年乡村建设在民国时期的重要作用到现在还很难被人们全面认识，而且当代乡村建设的很多历史资料也没有被发掘出来。我们的责任就是要让大家认识到在这激进的百年中还有一个不认同激进的、试图维护乡土中国长期永续的模式，它是一种由多元化的民众自主参与的渐进改良的运动。

"启迪民智、开发民力，财力有限、民力无穷"，这应该是过去的乡村建设运动对今天乡村振兴战略实施的最大启发，也是本书的价值所在。

温铁军

2021 年 3 月 1 日

## 乡村建设中的主体性与主体间性

"思想就像种子，它只有落在泥土里，才有可能发旺生长。对于参与新乡村建设又怀抱着各种主义的人来说，如果他们不把双脚踏进乡村，与土地产生紧密的联系，他们的主义早晚有一天会枯萎。新乡村建设吸引了抱持各种主义的人参与其中，他们的思想在与乡土的互动中越来越切合乡村的实际，这是乡土之幸，也是他们自身的幸运。"

和建生先生相识多年，我们是兄弟般的朋友，也是朋友般的兄弟。由于互相比较熟知和了解，因此二人的关系，就常常应了那句话："熟悉的地方，没有风景。"日常交往中，我和建生先生彼此鼓励的话，说得很少。相互砥砺的事，做得挺多。如今借着他讨要序言，再来相互砥砺一番。

建生先生是一个自带气场的人，走到哪里，他的热忱都能感染人。我们相识十六七年来，一同在河北定州翟城村，海南儋州石屋村，福建厦门安兜村、永春岵山村，以及他的老家龙岩市上杭县大吴地村等很多村庄行走，他和所在各地农民关系的亲密无间，是独一无二的，是农民普遍认可的"土"博士。20 年来我凭借在各国各地乡村行走的经历，自认为和各类人都能够"自来熟"。但在建生先生的感染下，我知道自己的知识还应该扎根更深，而自己作为知识分子所拥有的毛病更需要改正，应将思想的种子播撒在乡村泥土之中。虽然会遇到"道路两旁""浅土石头""荆棘丛中"等各种情形，但总会见到好土沃壤，能够让真知识之道生根发芽，茁壮成长。

## 一、乡村建设与农民主体性

建生先生新作出版之时，21世纪已过去20年，以他为最主要引领者的新乡村建设运动也进行了20年。而党中央在国家层面也正式提出："实施乡村建设行动，把乡村建设摆在社会主义现代化建设的重要位置。"乡村建设也成为国家"十四五"规划建议与2035年远景目标的重点任务，"十四五"规划与2035年远景目标提出"要牢固树立农业农村优先发展政策导向，把乡村建设摆在社会主义现代化建设的重要位置"。2021年中央一号文件用了三分之一的篇幅，专章论述"大力实施乡村建设行动"，将其作为实现农村现代化的重要抓手。但是乡村建设是否变成了建设乡村，乡村建设主要由谁来建，决定了怎样建设和为何建设的核心问题。

在乡村建设主体性问题上，中央农村工作会议强调了"乡村建设是为农民而建"，但是否主要由农民来建就未说明了。2020—2021年《乡村振兴促进法（草案）》两轮征求意见稿中，都将"农民主体性"作为五大原则之一写入。其中二次审议稿中这样表述：

"坚持农民主体地位，充分尊重农民意愿，保障农民民主权利，调动农民的积极性、主动性、创造性。"但在实施条文中，丝毫未提及如何坚持农民主体地位，如何调动农民的积极性、主动性、创造性。我在给《人民日报》内参写立法建议时，重点将主体性的悬置空中，作为问题提出了。

乡建先贤梁漱溟先生，1937年在其《乡村建设理论》中说："乡村建设，实非建设乡村，而意在整个中国社会之建设。"① 可以说，乡村建设乃至整个中国社会建设的一个核心内容，就是提升农民主体性，而农民主体性的提升作为乡村建设的重要内容，长期备受关注。在20世纪30年代中国的乡村建设运动中，另一位乡建先贤晏阳初先生，在1937年出版的《十年来的中国》中提出，"中国的大多数人是农民，而他们的生活基础是乡村，民族的基本力量都蕴藏在这大多数人——农民——的身上，所以要谋自力更生必须在农民身上想办法"②。梁漱溟、晏阳初等乡建先贤，在梁启超的影响下，也提出要通过乡村建设和教育实践，不断培育出符合现代社会建设需求的"新民"③。

---

① 摘自梁漱溟的《乡村建设理论》"乡村建设运动由何而起"一节，该书于1937年由山东邹平乡村书店出版。

② 原文选自《十年来的中国》，商务印书馆1937年版，现选自晏阳初著：《平民教育与乡村建设运动》，商务印书馆2014年版。

③ 1902—1906年，梁启超用"中国之新民"的笔名，在其创办的《新民丛报》上发表了20篇系列政论文章，在兴民权基础上发表《新民说》，提出"新民"思想。他认为，要建设一个"新"的中国，必须先养成"新"的国民。"新民"是指有爱国思想、尚武精神、社会公德、独立人格的新国民。1916年部分收入《饮冰室文集》；1936年收入中华书局出版的《饮冰室合集》，并于同年出版单行本《新民说》。梁启超的《新民说》是梁漱溟乡村建设思想的来源。晏阳初亦提出"四力说"，把人们身上潜藏的这种力量分为四种，即知识力、生产力、健康力、团结力，"四力"兼具者，才能称为"新民"。

进入 21 世纪，农民作为乡村建设主体的认知已经成为共识。因此，新时期的乡村建设行动，必须确保农民主体地位的提升。回顾百年来的乡建历史，缺乏主体性的乡村建设，难逃失败覆辙。1935年，梁漱溟在自省和总结民国时期乡村建设的经验教训时指出，乡村建设要么"高谈社会改造而依附政权"，要么"号称乡村运动而乡村不动"，从而"走上了一条站在政府一边改造农民而不是站在农民一边来改造政府的道路……与农民处于对立的地位……"①。

诚哉斯言，如今回想，言犹在耳。百年来的乡建经验与教训在前，21 世纪以来新农村建设、脱贫攻坚、乡村振兴战略在后，在多个促进乡村发展的政策实施过程中，农民主体性缺失一直是一个核心问题。作为第二个百年奋斗目标核心内容的农村现代化，其核心内容是大力实施乡村建设行动，这将是继农业现代化后，实现农村现代化的主要举措。但是，若将乡村建设重新变成建设乡村，而不关注农民主体地位的提升，那么农民群体仍然将是乡村建设的旁观者，而不是乡村的建设者、经营者、管理者。

关于农民主体性，不同人有不同定义。其中至少应包括三方面内容：自主性、能动性、受动性，三者统一。农民的自主性，指的是农民进行自我选择的基本权利；农民的能动性，指的是农民积极参与村庄经济发展、村务活动等；农民的受动性，指的是农民发挥主观创造性时，也受到管理规范和社会约束等方面的制约。

很多人认为，农民主体性缺失是由内外因共同导致的结果，外

---

① 关于此点多有阐发，主要来自梁漱溟 1935 年在乡村建设研究院的演讲稿《我们的两大难处》一文。可见中国文化书院学术委员会：《梁漱溟全集》第二卷，山东人民出版社 2005 年版。

因包括城乡结构断裂的制度环境、市场失效、乡村共同体的瓦解、农民去组织化，内因主要是农民自身的素质问题，表现为文化水平低、市场意识差、政治参与意识不强以及"等靠要"等错误价值观的滋生等，解决之策无外乎提升农民素质、促进农民组织化、改善制度环境等。

建生先生长期在乡建第一线，更有自己的独到见解。

他认为乡村在市场化的外部冲击下，农民在农业文明环境中形成的自主性因无法适应新的变化而逐步流失。至于内因，则除了引用晏阳初先生"愚、穷、弱、私"的国民性讨论之外，书中谈及较少。

## 二、乡村建设知识与知识分子的主体性

建生先生把科学作为西方知识体系，认为其渗透到了中国知识体系的各个方面，在一些领域已经占有绝对优势，一些知识分子食洋不化，引"赛先生"以自贱。

这种批评，可能来自汪晖先生对"五四"以来科学话语共同体的批评性讨论。我在2010年出版的《极化的发展》一书中，也受其影响，批评性地讨论了科学主义。

但十多年后，再来思考乡建知识和乡建知识分子，其主体性无法在批评别人的基础上建立起来。我看到2020年新冠肺炎疫情的一则疫情日记，讨论了1919年"五四"以来的诸多观念引入，有必要再来延伸讨论一下，原帖如下：

中国的五四运动轰轰烈烈，最后只请来了"赛先生"（Science，科学）。而没有请来"德先生"（Democracy，民主）。……在这场全民疯狂落幕后，国民只剩下崇拜"泰先生"（Technique，技术）。至于"赛先生"，则狼狈于政治的指挥棍之下。而"穆姑娘"（Moral，道德）则更是无人问津。

此评论虽然刺耳，却会让我们思考百年来的四个核心意识形态。试想一下，如果没有"德先生"和"赛先生"的引入，中国的确进入不了现代化的进程。如果不是"泰先生"更受重视，甚至超越了"德先生"和"赛先生"的地位，中国也的确无法在21世纪崛起，成为影响乃至主导全球的力量。"穆姑娘"曾经缺席，使得乡村由费孝通先生所言的"自我主义"发展成为阎云翔先生观察到的"无公德的个人"。但如今"穆姑娘"装扮一新，正在重建家风、乡风、国风，在提升国民性上重振精神。

西方话语的确送来了现代化，否则没有中国工业化、城镇化、信息化和农业现代化的今天。对于现代化的批评，建生先生继承了温铁军先生的质疑与解构态度。我则从十多年前的批评态度中渐趋中庸，认为还是要心平气和地一碗水端平。

胡适先生在民国初年提倡"少谈些主义，多谈些问题"。在山东邹平访问梁漱溟先生墓地和博物馆时，我看到梁漱溟晚年在回顾乡村建设指导思想时如此表述："乡村建设运动的主旨是八个字：'团体组织，科学技术'，是要把散漫的、只顾自家自身的农民组织起来搞生产，在生产中学习和运用科学技术。这就是我当时所努力、所追求、所工作的目标。……我一生贯彻的是实事求是、不说空话的原则。乡村虽苦，我这个出生于官宦人家、生长在大城市的人，还是在乡下和农民一起吃苦。吃苦干什么？就是为了实现'团体组织、科学技术'这个目标，要农民不守旧，在生产生活上都走新的路子——科学技术的路子。"①

我想，乡建知识分子虽面临百年主体性危机。但并未丧失乡建知识分子的主体性。"师夷长技以制夷"虽有偏狭之处，但自洋务运动以来，这一主张的确让我们走出了夜郎自大的境地。

四大主体观念，即使是洋泾浜，是舶来品，也的确带来了中国百年来的整体性变革，"德先生""赛先生""泰先生""穆姑娘"四位贤达若不来到中国，中国乡村未必能找到更好的出路。

一方面，我赞同建生先生，也和他多次探讨过知识作为客体，作为工具，作为被造物的地位。知识若站在与四位"贤达"比肩的位置上，可以叫作"诺小姐"（Knowledge，知识），因她还是乖乖地听命于主人的。知识作为被造物，本不具有主体性。若要批评知识，不如批评知识的主人。若是知识的主人要操纵知识，聚拢诸多顶礼膜拜者，那便是以霸权意识形态为人洗脑了。知识的主人若要告知真知识，启发真自由，那么也就会有一个中国乡村的《出埃及记》，有了真自由了。

## 三、由主体性到主体间性

建生先生在书中提到马克思认为"主体是人，客体是自然"，"作为主体的人必须是出发点"。这就需要考证一下主体性和主体间性的根源。

实际上，马克思关于主客体关系和异化的思想，主要受了黑格

---

① 张岩冰编：《梁漱溟印象》，学林出版社 1997 年版，第 146—147 页。

尔和费尔巴哈的影响。

黑格尔秉承绝对精神的信念，完成了康德哲学的不可能完成之事。康德对世界进行了现象与自在之物的划分，人类心灵不能取得关于现实的所有知识。而黑格尔则提出其一般论断，"合理即现实，现实即合理"（What is Rational is Real，What is Real is Rational）。由此得出，"万物皆可知"（Everything that is，is Knowable）。异化论是黑格尔自然哲学的基本命题，在欧洲哲学史上被称为黑格尔"异化"学说。异化论主要是指"自然界是自我异化的精神"。其"精神"（Spirit 或 Geist，是德语"精神"的意思）是黑格尔心中的"世界之神"，它创造了这世界上的一切东西。物质的、精神的东西都从它那里产生，最后又都返回到它那里去。绝对精神是客观独立存在的某种宇宙精神，这种精神实为一种逻辑思维，是脱离了人并与客观世界相分离的，只以概念形式表现出来。绝对精神是先于自然界和人类社会永恒存在着的实在，是宇宙万物的内在本质和核心，万物只是它的外在表现。

受康德哲学批判精神的影响，费尔巴哈开始了对宗教异化的批判。他在《基督教的本质》中揭示："人的绝对本质、上帝，其实就是他自己的本质。"费尔巴哈开启了人本主义和唯物主义的讨论，认为人是现实的感性存在，是自然的一部分。理性、意志和情感（爱）是人的本质，或人的本性。人的本质不仅是宗教的基础，也是宗教的对象。费尔巴哈把神学的本质变成人类学。

有人考证，异化理论更早受到新教运动家马丁·路德的影响，他最先把希腊文圣经中表述异化思想的概念翻译成德文"Hat Sich Gesaussert"（自身丧失），后来黑格尔等人继承了这一翻译的思想。

不管怎样，马克思批判性地继承了黑格尔、费尔巴哈等人的思想，将其运用到主客体和劳动关系分析中，提出了"异化劳动"（Die Entfremdete Ardeit，英译为 Alienated Labor）这一新观念。异化作为社会现象，同阶级一起产生，是人的物质生产与精神生产及其产品变成异己力量，反过来统治人的一种社会现象。异化劳动包括人与劳动活动相异化、人同自己的类本质相异化、人同自己的劳动产品相异化、人同人相异化，是马克思的异化观，马克思用这个概念来概括私有制条件下劳动者同他的劳动产品及劳动本身的关系。

主体性（Subjectivity）的考证很费心神。其内容却很清楚，就是要确定其讨论对象是否同时具有自主性、能动性和受动性。依照这一讨论，建生先生讨论的知识女神，不具有主体性，而只能是"诺小姐"。但知识分子是否具有主体性，则要看知识分子是否愿意成为梁启超所言的"新民"，成为自主的、能动的、受动的主体。

其实，空泛地讨论主体性，而不讨论主体间性，也没有意义。因为主体是相互依存的，没有孤立的主体，就如同不存在的从石头缝里蹦出来的人一样。

主体间性（Intersubjectivity）的主要内容，是研究或规范一个主体怎样与完整的作为主体运作的另一个主体互相作用的。A. 莱西在《哲学辞典》中将"主体间性"定义为："一个事物是主体间的，如果对于它有达于一致的途径，纵使这途径不可能独立于人类意识。……主体间性通常是与主观性而不是客观性相对比，它可以包括在客观性的范围中。"主体间性的提出者试图给现代性的主体性以致命的打击。① 比如雅克·拉康认为，主体是由其自身存在结构中的"他性"界定的，这种主体中的他性就是主体间性。他对黑格尔的《精神现象学》中的"奴隶和主人"进行了精神分析语言学上的重新描述。认为当看守为了囚犯而固定在监狱的位置上的时候，那他就成了囚犯的"奴隶"，而囚犯就成了主人。根据这种主体间性，针对笛卡儿的"我思故我在"，他提出了相反的思想：我于我不在之处思，因此，我在我不思之处。这应该说是对笛卡儿的"我思"主体的最大摧毁，也是对现代性思想根基的摧毁。

但实际上，这种后现代的主体间性概念对现代的主体性的解构不可能是完全和彻底的。以解构为使命的后现代主义不得不进行类似现代性的建构，以说明其论点。主体间性这一概念，在建构过程中，含义不断扩充，逐渐完成了对现代性的超越，对主客体关系的主体性概念的超越。由最初的含义——主体与主体之间的统一性，在不同的领域中，发展出了三种含义不同的主体间性概念：社会学的主体间性、认识论的主体间性和本体论（存在论、解释学）的主体间性。

社会学的主体间性，是指作为社会主体的人与人之间的关系，涉及人际关系以及价值观念的统一性，最早在伦理学领域内提出。近现代的哲学家在个体价值独立的基础上继续在伦理学的领域探讨这个问题，而且扩展到更为广泛的社会学领域。像康德、黑格尔直至马克思、哈贝马斯等，都在社会学领域涉及主体间性问题，主要

---

① 关于主体间性的介绍和分类，主要参考了厦门大学顾自安 2006 年的博士论文，后来出版了《制度演化的逻辑：基于认知进化与主体间性的考察》，科学出版社 2011 年版。

讨论的是人的社会统一性问题。哈贝马斯认为在现实社会中人际关系分为工具行为和交往行为，工具行为是主客体关系，而交往行为是主体间性行为。他提倡交往行为，以建立互相理解、沟通的交往理性，以达到社会和谐的目的。这一主体间性理论，具有乌托邦性质。

认识论的主体间性，是指认识主体之间的关系，它涉及知识的客观普遍性问题。最早涉及认识主体之间的关系的是现象学大师胡塞尔。胡塞尔建立了先验主体性的现象学，把先验自我的意向性构造作为知识的根源，这就产生了个体认识如何具有普遍性的问题。为了摆脱自我论的困境，他开始考察认识主体之间的关系。他认为认识主体之间的共识或知识的普遍性的根据是人的"统觉""同感""移情"等能力。胡塞尔的主体间性概念是在先验主体论的框架内提出的，只涉及认识主体之间的关系，而不是认识主体与对象世界的关系，因此只是认识论的主体间性，而不是本体论的主体间性。梅洛-庞蒂反对胡塞尔的先验现象学，主张知觉现象学，即身体主体与世界的关系。认识论的主体间性仍然是在主客对立的框架中，仅仅考察认识主体之间的关系，而不承认人与世界关系的主体间性。

本体论的主体间性，是指存在或解释活动中的人与世界的同一性，它不是主客体对立的关系，而是主体与主体之间的交往、理解关系。本体论的主体间性，涉及自由何以可能、认识何以可能的问题。马丁·海德格尔后期建立了本体论的主体间性。更为彻底的主体间性理论家是神学哲学家马丁·布伯，此外，雅斯贝尔斯和马塞尔也提出了与马丁·布伯类似的主体间性思想。本体论的主体间性，即存在论和解释学的主体间性，进入了本体论的领域，从根本上解释了人与世界的关系。

列举如上，可以看到考证主体间性概念也是一项破费心神的工作。近十年来接触这一概念时，我常常将其降维到具体可理解的层次。例如人是石头缝里蹦出来的、自有永有的元主体吗？如果不是，基本常识也告诉我们不是。就需要将人定义为次生主体，那么谁是元主体呢？只有从万物的来源、人类的来源那里才能找到元主体。那么就可以建立起神人关系的第一对主体间性关系。其次是人与自然万物，以及人与人之间的主体间性，这三对关系构成了人具有主体性的最主要的主体间性。

若在这个层次上理解乡村建设，就明白多了。城市相对于乡村而存在，没有乡村，城市就不存在，也没有主体性，反之亦然。又因为城市的存在以乡村为前提，否则基本的食物和其他生存资料和生产资料，都无从获取。故此，可以把城乡关系比喻成儿子和父亲的关系，而不是有些人比喻的夫妻关系。如此，乡村建设的主体性建构，不仅依托乡村自身的主体性，还必须依托城乡之间的主体间性。中国话语体系的建构，必须依托与西方文明之间的主体间性。中国知识分子的主体性获得，必须将自己置于知识从何而来，为谁服务的主体间性之中，才能找到自己的位置。

当今学界，很多知识分子都是只拥有"知识"的分子而不顾主体间性，由此也可能失去了主体性，成了钱理群先生所痛斥的"精致利己主义者"，是"精己"，而非"精英"。所谓精英，应具有中国几千年知识分子传统中的士大夫精神："士当以天下为己任。"

一只眼睛看着主体性，一只眼睛看着主体间性。乡村建设者就能逐渐找到自己的位置，知识的工具性价值也能找到。乡建知识分子从主体间性的各个坐标中能找到自己的主体性位置，也为创造怎样的知识，为谁创造知识，找到合适的位置了。

"士当以天下为己任。士不可以不弘毅，任重而道远。"

这古道今声，如同历史学家帕利坎（J. Pelikan）所说："传统，是死人的活信仰；传统主义，则是活人的死信仰。"让我们不拘泥于传统，避免落入传统主义，又能尊重和继承传统吧。让古道先贤的声音，飘荡在我们乡村建设弯弯曲曲又一路芬芳的小路上吧。

**2021 年 3 月 10 日，于北京香山北麓**

**( 中国人民大学农业与农村发展学院教授 )**

# 目录

**第一章** **百年乡建，上下求索：乡村建设与中国现代化**

引　言 ∥ 003

第一节　西方资本的积累与现代化作为话语 ∥ 005

　　一、西方资本的积累 ∥ 005

　　二、现代化作为话语 ∥ 009

第二节　乡土社会的百年困境 ∥ 015

　　一、清末乡土社会的破产 ∥ 016

　　二、民国时期乡土社会进一步崩溃 ∥ 018

　　三、新中国乡土社会的变迁 ∥ 022

第三节　知识分子的百年主体性危机 ∥ 025

　　一、知识分子的主体性问题 ∥ 025

　　二、知识的百年主体性问题 ∥ 026

　　三、知识分子的百年主体性危机 ∥ 027

第四节　乡村建设作为手段：一个世纪的梦想与实践 ∥ 030

　　一、以张謇为代表的早期乡村建设努力 ∥ 031

　　二、以晏阳初为代表的民国乡村建设与

　　　　平民教育理念 ∥ 034

第二章 · 新乡村建设的问题意识与缘起

引　言 ∥ 039

第一节　新中国的工业化实践与城乡二元结构的

　　　　形成和巩固 ∥ 041

　　一、新中国的工业化实践 ∥ 042

　　二、城乡二元结构的形成和巩固 ∥ 047

第二节　地方政府"公司主义"与"三农"问题深化 ∥ 053

　　一、地方政府"公司主义" ∥ 054

　　二、"三农"问题深化 ∥ 055

第三节　城市发展中的农民工问题 ∥ 059

　　一、身份歧视问题 ∥ 060

　　二、薪酬偏低与工作时间过长问题 ∥ 060

　　三、社会保障不足问题 ∥ 061

　　四、消费问题 ∥ 062

第四节　消费社会与人的异化 ∥ 063

　　一、异化理论的发展 ∥ 064

　　二、消费社会与乡村异化 ∥ 065

　　三、农民异化问题 ∥ 066

　　四、自然生态异化问题 ∥ 068

第五节　到农村去：知识分子的主体性表达 ∥ 070

　　一、大学生支农调研 ∥ 071

　　二、翟城试验 ∥ 072

　　三、乡村建设试验区 ∥ 073

第三章　新乡村建设的展开与现实矛盾

引　言 // 077

第一节　教育的异化与乡村建设人才培养 // 079

一、教育的异化 // 080

二、乡村建设人才培养 // 083

第二节　合作作为目的：农民合作组织建设的困境和希望 // 089

一、百年中国乡村合作社发展简述 // 090

二、国际合作社原则解读 // 091

三、翟城合作社 // 093

四、蒲韩合作社 // 101

第三节　农村的文化与精神重建：组织和教育作为手段 // 109

一、农村的文化与精神特质 // 110

二、农村的文化与精神丧失 // 113

三、农村的文化与精神重建 // 116

第四节　生态农业的实践忧思：城乡互助与生态安全的

视野 // 124

一、生态农业与生态安全 // 125

二、城乡互助农业实践发展历程 // 127

三、中国生态农业发展的忧思 // 131

第五节　工农社区大学：以教育创新和文化权利为视野 // 134

一、"三平主义"与"三民主义" // 135

二、工友之家 // 136

三、工友社区大学 // 136

四、农村社区大学 // 141

第六节　社会倡导与平台建设：论坛作为手段 // 145

一、合作社论坛 // 146

二、乡村建设论坛 // 147

三、平民教育论坛 // 150

四、爱故乡大会 // 150

五、生态农业论坛 // 151

第七节　从乡村建设到爱故乡、生态文明建设 // 161

一、爱故乡行动 // 162

二、生态文明建设 // 170

第四章　人作为基础：新乡村建设参与者分析

引　言 // 177

第一节　当思想碰上泥土：自由主义与重农主义的合流 // 178

一、没有主义，只有实践 // 179

二、思想创新源于实践 // 180

第二节　知识农村化：知识分子的自我改造 // 182

一、"田间地头"丛书 // 183

二、社区大学作为在地化知识生产的平台 // 184

第三节　乡村的力量：农民的主体性问题 // 186

一、农民有理想，故乡有力量 // 187

二、从"农民"到"农者" // 188

第四节　政府角色：下不去的农村 // 191

第五章 · 生存与发展：新乡村建设的社会关系分析

引　言 ∥ 197

第一节　国家政策变化与新乡村建设的空间变化 ∥ 198

一、"三农"问题成为全党工作的重中之重 ∥ 199

二、社会主义新农村建设与中央一号文件 ∥ 199

三、环境友好型、资源节约型农业政策 ∥ 200

四、保护和传承中华优秀传统文化 ∥ 201

五、生态文明与乡村振兴战略 ∥ 202

第二节　新乡村建设的媒体关系 ∥ 204

第三节　物质是基础：新乡村建设的经费问题 ∥ 208

第四节　新乡村建设与农民和知识分子的关系 ∥ 212


后　记 ∥ 215

## 第一章

百年乡建，上下求索：
乡村建设与中国现代化

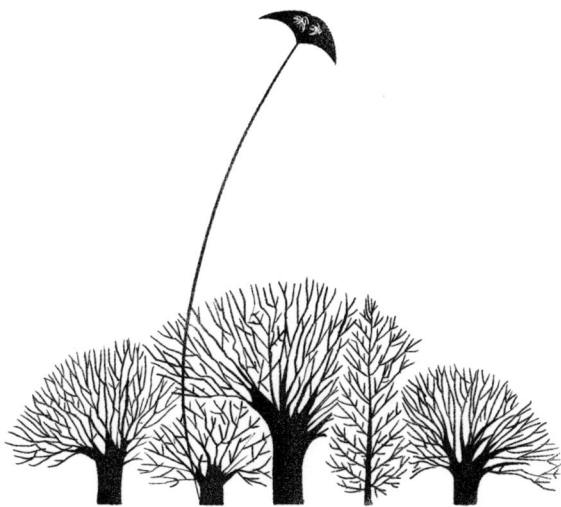

# 引　言

　　自鸦片战争以来，经历次战争，牺牲了数以亿计的人口而赢得胜利，可以说中国彻底摆脱了对西方的依附，获得了自力更生谋求发展的条件。经七十余年建设，目前中国已是世界第二大经济体，并且有了更强的制度和文化自信。习近平总书记强调，今日中国取得的成绩，如果没有中华五千年的文化积淀，是不可想象的。中国需要有这样的文化自信，我们的乡村振兴也需要在这样的自信中进行，这也是我们探索乡村振兴的中国道路时最重要的基石。

　　民国年间知识分子自下而上的乡建试验是中国知识分子试图通过与民间结合从而摆脱精神西化困境的一种努力，尽管他们的努力受到了同期其他知识分子的质疑，如陈序经先生说他们的乡村试验方法不科学，理论也脱离实际，效果不明显，等等，但相比于坐而论道的知识分子来说，这一批乡村建设知识分子的自觉意识和社会情怀是值得称许的。实际上，客观地看，民国乡村建设运动前后持续近三十年，有六百多个团体参与其中，开辟了上千个试验基地，这不能不说是一场轰轰烈烈的觉醒运动。我们且不说这一运动为挽救乡村的衰败起到了多少作用，其实践精神和品格则足可成为我们民族精神宝库里的一颗明珠。

今天，当我们站在精准扶贫和乡村振兴战略的角度对民国乡村建设运动进行审视，除了精神层面的收获，也有具体的工作经验和理念可资借鉴。如陶行知先生的"村校一体"、梁漱溟先生的"乡农学校"、晏阳初先生的"平民学校"，他们以学校教育为中心，以家庭教育和社会教育为两翼，进行立体的人才培养，这对于乡村人才振兴是有积极的借鉴意义的；再如晏阳初提出的"科学简单化，农民科学化"思想，及定县乡村建设工作大量的"知识在地化"尝试，对于反思我们今天以城市知识系统去振兴乡村的做法具有极强的现实意义。

▲

# 第 一 节

## 西方资本的积累与现代化作为话语

### 一、西方资本的积累

根据黄仁宇先生的研究，资本主义发端于威尼斯，而后依次在荷兰、英国等地展开，进而成了世界性的庞大组织和运动，至今绵延不绝。黄先生将其开展的条件归纳为三点：一是资金的广泛流通，剩余资本通过私人贷款方式互通有无；二是经理人才不顾人身关系的雇佣，因此企业可以扩大到超过所有者本人可以监管的程度；三是技术上的支持因素的通盘使用，如交通通信、律师事务和保险业等，因此各企业活动范围超过本身能力半径。[①] 英国自 17 世

_____

① 黄仁宇：《资本主义与二十一世纪》，生活·读书·新知三联书店 1997年版，第 32 页。

纪末光荣革命后就组建了英格兰银行，股东主要由伦敦的商人组成，初始股本金 120 万英镑。1694 年 9 月，英格兰银行刚成立不久，政府即命令银行汇款 20 万英镑到对法作战军营，以此带动欧洲商人对英军的支持，国际信用组织由此开始具体化。加之此时英国国内农业资本与商业资本的互通，使其国内资源结成了一个庞大的信用网络，以及随后保险等业务的展开，英国的金融财政组织日趋成熟，其经济组织在 18 世纪初已领先世界。当大部分国家和地区还在农业社会里求生存时，英国的资本已经形成了自己的系统，其在最初的对法战争中获利颇丰，赚足甜头，这使以后的资本发展形成了路径依赖，战争和掠夺成为其资本增值重要的密方，在之后的几个世纪里屡试不爽，一度全球一半以上的土地成为英国的殖民地、半殖民地，因此有了"日不落帝国"的称号。

17 世纪末，英格兰银行的组建可以作为以英国为代表的西方资本积累开端的标志，其积累模式可以概括为"侵略+殖民+不平等的国际贸易（含奴隶贸易）+劳工剥削"。以下以英国对中国和印度的掠夺为例进行简要说明。

第一是侵略。英国因在与中国的贸易中长期处于逆差而挑起两次鸦片战争，后又作为主力参与八国联军侵华战争，这些战争均以中国失败告终，中国割地赔款，赔款总额高达 17.6 亿两白银之巨。而英国挑起战争的借口，竟然是要求清政府保证他们的通商权，而英国需要通商权的是鸦片贸易。此时英国资本的逻辑已经是非常赤裸裸了。在战争之前英国政府给中国的备忘录中有这样一些条款："英国与中国的合法贸易必须维持，不因为在广州或沿海一带发生任何漏税而中断；中国皇帝要下令再开放六个或更多的东部沿海一带的口岸给英国人和中国人互市；中国要赔偿鸦片的损失，清还十三行行商所欠英国人的钱银，并承担这次远征军的军费。"[1] 英国不惜挑起战争所要保证的就是其所谓的合法贸易，是"合资本之法"的贸易，而不管所贸之物为何，西方资本积累的血腥也可见一斑。

第二是殖民。鸦片战争使中国逐步沦为半殖民地国家，对于印度，英国则只通过普拉西之战，基本不费一兵一卒，采取以印治印和分而治之的方式使印度成为其殖民地。马克思在论述英国对印度的殖民统治时说，英国要在印度完成双重使命：一个是破坏式的，即消灭旧的亚洲式的社会；一个是建设性的，即在亚洲为西方式的社会奠定物质基础。[2] 这种说法有其合理性，因为马克思这么说的基础是他认为英国此时的资本主义文明高于印度文明，所以他会说在印度建立西方式的社会是建设性的。但实际上，从 17 世纪初东印度公司建立以来，到对印度完全的殖民统治，英国对印度的经济和文化都带来了非常严重的破坏，几百年间，其在各个方面从印度攫取的财富是巨量的；从某种程度上来说，英国有一部分人口是靠印度人民养活的。英国资本对印度的掠夺手段多样，包括直接掠夺、征收赋税、垄断贸易、资本输出等多个方面，使印度经济完全依附于英国，在国际市场中任人宰割。据不完全统计，英国通过殖民从印度获得的财富总量高达 54 万亿美元。

第三是不平等贸易。在曼彻斯特商会上，时任英国首相迈克尔

---

① 《英人向中国所提要求》，见 http://www.lsqn.cn/ChinaHistory/qing/200703/62124_2.html。

② 《马克思恩格斯选集》，人民出版社 1972 年版。

和外交大臣巴麦尊的备忘录里有一段话："对华贸易维持了英国十万吨的航船保有量，而这又是可能大为扩张的；中国为英国制造业提供一个销量庞大而又扩张迅速的市场；同时又为印度的出产提供销路，其数可达三百万镑，而这又使得我们的印度人民借以能够大量消费我们的制造品。"① 英国人的算盘打得很好，只是他们把生意经念歪了，中印两个人口大国和资源大国被其玩弄于股掌之中，这里面没有任何平等的观念，只有豪夺和巧取。印度作为英国的殖民地，它们的关系就是奴隶和主人的关系，主人对奴隶进行包括劳动力在内的一切资源的榨取，它们两者的贸易往来没有公正可言。中国自鸦片战争后，被迫开放沿海和长江沿线多个通商口岸，在武力的胁迫下，中英之间的贸易往来一样没有平等可言。

第四是剥削。对外掠夺，对内剥削，这是西方资本积累的典型嘴脸，也说明资本无国界由来已久。我们都知道世界上第一个合作社诞生在 1844 年的曼彻斯特，这个以棉纺织工业为主的城市，当时有 32% 的棉纺织工人在超过 500 人的工厂里就业，劳工和机械工的平均死亡年龄是 17 岁。第一合作社叫罗虚代尔公平先锋社，是一家消费合作社，其诞生的背景是这些劳工每日 16 小时以上的劳动，其所得仅够果腹，乃有组织起来共谋出路的想法。由此可见，当时资本对劳工的剥削有多么严重。在《英国工人阶级状况》一书中，恩格斯说，每一个人都在剥削别人，结果强者把弱者踏在脚下，一小撮强者即资本家握有一切，而大批弱者即穷人却只能勉强活命。不过有意思的是，英国没有爆发工人阶级革命，恩格斯在晚

---

① 《英人向中国所提要求》，见 http://www.lsqn.cn/ChinaHistory/qing/200703/62124_2.html。

年还说过对英国工人阶级感到失望的话。重要的原因之一是英国的海外殖民和掠夺使英国的工业产品有了广阔的市场，同时掠夺回来的财富提高了工人阶级的福利，物质利益削弱了他们的革命意志。

西方资本的积累过程前后历经逾五百年，从产业资本积累到金融资本扩张，西方资本通过对外掳掠形成的积累和扩张的路径没有本质的改变，只是以前的血腥被今天的温情所替代而已，随着技术的发展，温情的掳掠也变得越来越隐蔽，越来越血腥，越来越法西斯化。我们可以把西方第一、二次工业革命及其影响时期作为西方资本积累的第一个阶段，把今天在信息技术革命的助推下形成的全球金融资本扩张作为第二个阶段。从第一个阶段到第二个阶段，从以英国为首到以美国为首，资本积累速度越来越快，越来越集中，也越来越不择手段。现在，世界财富排行前 500 人的财富总和是倒数 5 亿人之和；生态的脆弱性无以复加，在联合国 2018 年的一份关于气候变化的报告中指出，如果我们在未来 15 年内不能把气温升高控制在 1.5 摄氏度以内，人类将面临巨大的生态灾难。在这样的危机面前，资本会放缓其聚敛的脚步吗？显然不会，因为它就是在战争中起家的，其本性决定了它在战争和灾难面前会愈加兴奋。人类未来的不确定性在资本的无所忌惮中正一步步向我们逼近。

## 二、现代化作为话语

韦伯试图找到资本主义发展的密码，他在《新教伦理与资本主义精神》中表达了他对资本的敬意，他用了伦理和精神这两个词将马丁·路德宗教改革后的新教和资本主义连接了起来，认为资本主义的发展应归功于宗教改革后形成的包括个人主义和功利主义在内的新的社会风尚。与韦伯同时代的桑巴特在其《资产阶级》一书中认为资本主义精神由企业精神和资产阶级精神组成，并进一步将这种精神与种族联系起来，有"英雄民族"和"贸易民族"之说。

从马基雅维利开始，经霍布斯、洛克、马尔萨斯、李嘉图、达尔文，直到韦伯，西方资本积累与西方话语建构在一个维度上同步展开着，两者互相糅合，形成物质与精神的一体两面，类似霍布斯的"巨灵"，在世界范围内吞噬着弱小民族的肉体和精神，直到今天。民间有"立牌坊"的说法，西方话语在资本积累过程中进行的建构工作可以说是挂羊头卖狗肉。不过从目前来看，他们掩盖得相当好，因为在世界范围内，不知有多少人在这被掩盖的真相面前跪拜敬礼，特别是那些受过高等教育的人。

我们不妨来看看这"牌坊"立的是什么。

首先是市场主义。霍布斯是比较早的市场论者，虽然其《巨灵》谈的主要是政治，但对于经济部分亦有所涉及，且是比较切中当时要害的，即鼓励私有财产权和对市场的绝对信任。伍德在其《资本主义的起源》一书中认为："一旦第一个资本主义国家成功地转变为工业形式，作为交换和流通手段的市场便会转变为一个资本主义竞争性压力的传输带。"也就是说，市场会逼迫其他地区也采用资本主义的生产方式，将整个世界纳入资本主义体系之中。这一过程将原先一国内的剥削关系扩展到全球范围内的剥削关系。但这一过程并不是一个自然的过程，而是伴随着掠夺和殖民展开的，市场成为其最重要的工具。于是，霍布斯包括后来的李嘉图等人的理论正好就适应了资本的这种需求。如此，市场完全渗透到人们生活的方方面面：劳动者得进入市场出售自己的劳动力换取生活资料，资本家得进入市场购买劳动力、原料并出售产品……任何人都无法离开市场而存活；"资本主义市场的准则不仅规范着经济交易，也在总体上规范着社会关系"。① 到了这个时候，市场就成了万能钥匙，并且被认为是理所应当如此的了。本来经济和社会的空间是为每一个人敞开着的，现在安装上市场这个大门，你必须通过它才能进去。以后大家认为要在经济和社会空间里生存，就只能通过市场这唯一的门，市场主义于是流布全球。

其次是自由主义。李嘉图和马尔萨斯都被称为自由主义者，也算是自由主义经济学的开山鼻祖。李嘉图本人是资本家，其一年的收入超过一万名劳工一年的总收入，他也很坦诚，说自己的写作是有阶级立场的，是代表富人的，所以他反对遗产税，主张自由贸易，主张废除社会救济政策，认为资本家能雇佣劳动力已是最大的善，而劳工所得能否温饱则不在其考虑范围。马尔萨斯则直接说穷人之所以穷，是因为他们没有远虑，孩子生得太多，所以他也反对慈善救济。他主张物资的生产与分配由私人资本做主，认为降低人口数量只能通过战争和饥荒。在 18 世纪末期，当"自由主义的"这个形容词在诸如亚当·斯密所写的"平等、自由和正义的自由主义方案"这种偶然的表达中被使用时，它才逐渐呈现出其政治上的含义。本书暂不讨论政治上的自由主义，所以对被伏尔泰、卢梭等发展出来的自由主义不予置评。自由主义与市场主义是一个硬币的两面，没有说哪个自由主义者不是市场主义者的，他们彼此互为连

---

① ［加］埃伦·米克辛斯·伍德：《资本主义的起源：一个更远的视角》，中国人民大学出版社 2015 年版。

理，共同为自由市场理念张目。自由为市场保驾护航，市场是自由的基础。但当通向自由的路都被堵死，只有市场一个门的时候，那就不是自由而是强制了。自由主义发展到《历史的终结》，弗朗西斯·福山认为最后的历史是自由民主的历史，历史发展到这里就终结了。福山对于自由民主的执念令人吃惊，他认为甚至可以使用武力征服那些所谓的非自由民主的国家，这与早期英国殖民者以自由贸易为名挑起各种战争的路径如出一辙。但新自由主义正是在如此激进的思想里生长起来的，其在最近四十年里以自由为名对各国政治经济的干涉甚至颠覆并不比两三百年前他们的祖辈以贸易为名进行的掠夺更为收敛。

最后是科学主义。以技术进步为特征的工业革命开启了科学的大门，达尔文进一步以《物种起源》给大门披上了花环，科学由此逐步走上舞台的中央，并发展为今天大行其道的科学主义。T. 索雷如此定义科学主义：它是一种信念，它认为科学——特别是自然科学——是人类知识中最有价值的部分，原因在于它更有权威性、严肃性和利益性。[①] 早期以自然科学的思想和方法取代人文社会科学的科学主义解释策略迅速成为一种时尚，成为 19 世纪中后期以后社会科学普遍接受的理论路径，斯宾塞的社会达尔文主义是主要标志，"适者生存" 这个概念就是他创造的。此后，科学、科学方法、科学思维成为科学主义运用的主要工具，并往往被运用者认为是追求真理唯一的方法或起码是最重要的思维方式，因此而成为排斥其他方法或思维的武器。这个发展过程也正好适应了西欧资本集

---

① 李侠、邢润川：《论科学主义的起源与两个案例研究》，《自然辩证法通讯》2003 年第 4 期。

团殖民世界的需要，在科学主义的旗帜下，资本所向披靡，以"不科学"的名义扫除一切阻碍其掳掠的文化等障碍。中医这一百多年来的命运可以作为一个注解。在科学主义看来，中医因无法被科学方法验证被认为是"不科学"的，因而也进入不了由西方医学资本集团构建起来的医学科学系统，而在由西方主导的知识系统建构中被边缘化。中医是智慧，却被科学给框了起来，这与西方资本有意识地消解中医文化有很大的关系。资料显示，早在 20 世纪 20 年代，美国洛克菲勒财团就已开始其消灭中医的计划，用的手段是"慈善"，捐建西医医院、建设西医学科、支持乡村卫生工作等。在他们看来，中医看病不怎么花钱是很不符合资本增值需要的，如果不消灭中医，西医资本在中国这个巨大的市场中将无利可图。从道理上来说，廉价高效的中医在市场上应该更有竞争力才对，一旦被贴上"不科学"的标签，这种竞争力就江河日下了，因此有了今日中国"西医在朝，中医在野"的局面。有意思的是，"五四"运动打着"科学、民主"的口号，先觉者们没有想到，这些西方输入的概念是一把利剑，剑柄在西方资本手里抓着，我们抓在手上的是剑刃。可悲的是，在今天的中西医之争中，中医学者手中握的仍然还是"科学"的剑刃。

这"三大主义"构成了现代化的主要元素，此外还有进步主义、民主主义等。现代化作为一种话语系统，一种意识形态，占领了世界的各个角落，并深入人的意识层面。现代化代表着进步、成功，代表着人生的满足、人类的未来，它是人类头顶上的皇冠。没有人会去追究这皇冠背后的累累白骨和血泪。与现代化相对的是落后、非现代、不发达等。现代化成了一个尺度，纵向衡量历史，过去是落后的，现在是现代的；横向衡量，城市是现代的，乡村是落后的；西方是现代的，原住民是落后的；西医是现代的，中医是落后的；等等。在这个尺度下，现代事物对落后事物的替代成为天命。城市化水平要更高一些，再高一些，当我们的城市化率像西方国家一样的时候，我们就差不多实现现代化了。这就是现代化照进乡土的现实，让人心生悲凉。实际上，世界范围内的贫困问题，正是现代性构建的结果。

▲

# 第 二 节
## 乡土社会的百年困境

任何一次社会动荡、社会变革、技术革命，其最初和最后的伤痛，无一例外，是由这个社会的弱者承担的，这个弱者包括暂时没有反抗能力的大自然。英国工业资本形成过程中，其最初的成本转嫁对象是那些失地的农民和底层的劳工，之后又渐次转嫁给殖民地的人民和奴隶，直到今天的金融资本扩张，其成本转嫁的路径没有任何变化，从高往低不断转嫁，广大的第三世界国家和人民以及生态（也包括其本国的底层）承担着代价转嫁的伤痛。中国自鸦片战争以来，其历史演进有上层官僚系统、中层知识分子系统和下层乡土系统三条脉络可以追溯，阶段则可以分为清朝时期、国民党时期、新中国时期三个阶段。关于上层和中层这两条脉络，见诸正史者颇多，下层的叙述大多是作为上中层叙述的一个背景或补充，我们进行乡村建设研究，不能不把乡土系统的眉目描画得更清晰一些。

## 一、清末乡土社会的破产

我们通常把鸦片战争的失败主要归因于清朝官僚系统的腐化和退化，这是我们看到的表象，深层的原因是当时下层乡土社会的溃败已经积聚很久了。一棵将死的树，我们看到的是顶部的叶子开始发黄，而病根则隐藏在土壤底下不被人看到。清朝康乾盛世历经百余年（是否是真的盛世，尚有争论），之后便开始走下坡路，其原因在于乾隆以后的人口激增，乾隆年间的人口超过了两亿（乾隆十八年〈1753 年〉全国人口是一亿八千余万人，乾隆三十一年〈1766 年〉是两亿余人，嘉庆十七年〈1812 年〉是三亿六千余万人，道光十三年〈1833 年〉达到三亿九千余万人。八十年间，人口增加已超过一倍），而农民的土地没有增加，始终在 7 亿到 8 亿亩，人均占有土地随人口增加而迅速减少（乾隆十八年〈1753 年〉每人平均有 3.86 亩，乾隆三十一年〈1766 年〉是 3.56 亩，嘉庆十七年〈1812 年〉是 2.19 亩，道光十三年〈1833 年〉是 1.86 亩）[1]，而且农民种植经济作物受到限制，不允许海上贸易，内部通商也受到各种限制。土地有限，人口增加，而财路又被堵，上层官僚的贪腐和暴敛又不可收拾，这种状况必然要陷乡土于衰败中。所以到第一次鸦片战争的时候，以乡土社会为代表的底层结构已经是力量阙如，无力支撑上层结构的任何折腾了。

鸦片战争后中国乡土社会的破产进一步加剧。这可以从几个方面来分析。一是我们通常说的战争赔款导致赋税增加从而加重乡村

---

[1] 梁庚尧：《中国社会史》，东方出版中心 2016 年版，第 1 页。

的负担（清末的田赋，在光绪十七年〈1891 年〉是 2366 万两，到宣统三年〈1911 年〉增加到 4810 万两。二十年之间，增长达一倍之多）；二是鸦片输入中国市场合法化，鸦片泛滥于中国社会，地主和小农也吸食鸦片，而致精神涣散，无心生产，欠债累累，大量地主破产，农民卖房卖地成为流民；三是国外工业产品因更多通商口岸的开放涌进国内市场，乡村小手工业无法与工业品竞争而破产；四是印度等殖民地的开拓，英国一方面在这些殖民地种植茶叶等农产品，同时垄断当地的国际贸易出口权压低价格，这些产品也出口到中国，使中国的农产品出口和内销都不再具有优势。另外，英国在殖民地设厂生产的产品因各种生产要素都很廉价，比中国的产品更有竞争力，从而抑制了中国本土工业的发展，特别是纺织工业大量萎缩，使农民的原材料销售和就业都大受影响。比如江苏某地，原来是农民种植芝麻，卖给地主用于榨香油，地主再把香油卖出去或者用于祭祀。后来英国人在当地种植花生，芝麻油被花生油替代，地主的油厂倒闭，农民种植的芝麻也没有了销路，只好进城或到英国人的花生地里打工。这与一二十年前东北豆农的命运类似（转基因大豆对本地传统大豆品种的替代，一方面使本地的大豆加工厂大量倒闭，一方面也使豆农破产。目前中国大豆产业九成以上掌握在外国资本手里）。①

因此，催生出席卷大半个中国的太平天国运动。持续时间达十余年之久，给中国乡土社会带来了巨大的冲击，其中有正面的也有负面的，正面部分包括其"耕者有其田"口号的落实，使南方乡村

---

① 数据来源：《变局中的大豆家底》，《中国新闻周刊》2018 年 11 月 24 日，https://baijiahao.baidu.com/s?id=1617923244051528840&wfr=spider&for=pc。

自耕农明显增加，也包括其在一定程度上缓和了上层系统对乡土社会的掠夺；负面部分则包括其在东南各省对乡村生产力的破坏，主要是大量人口因战争死亡，保守估计都有七千万人死亡。太平天国运动在总体上可以说是当时乡土社会的一场自我保护运动，遗憾的是太平天国运动中的中层系统利用下层系统进入上层系统，然后快速腐化，而仍然使下层系统承担了因运动带来的全部成本，中国乡土社会进一步陷落。

第二次鸦片战争在太平天国运动期间爆发，中国的主权进一步丧失，向着半殖民地国家又走近了一步。接着是饿死一千余万人，致使大量灾民成为流民的"丁戊奇荒"，以及甲午海战和八国联军侵华，气息奄奄的清王朝在屈辱中走到了尽头。从第一次鸦片战争到辛亥革命，七十年间，中国受尽屈辱，人民流离失所，近四分之一人口非正常死亡，乡土社会走到破产的边缘，难以为继。

## 二、民国时期乡土社会进一步崩溃

辛亥革命结束了清王朝的统治，这种上层结构的变化对处于下层结构中的乡土社会理应带来新的希望，但遗憾的是，在随后接近四十年的民国时期，中国乡土社会在各种战争、饥荒中走向进一步崩溃。和清王朝一样，这种崩溃也直接导致了政权更迭——民国政府的败亡。观察这个时期乡土社会的变迁，从总体上来说是清末乡土社会衰败的顺延，辛亥革命后十余年中国社会处在军阀混战中，国民党好不容易站稳脚跟后立即忙于党同伐异，急于消灭代表下层结构利益的共产党，然后是长达十四年的抗日战争和长达三年的解放战争。这近四十年的时间内，没有一年是安稳的，乡土社会是所有战争成本的承担者，包括赋税、兵役、徭役等。可以说，清末乡土社会延展到民国以后，不但没有得到喘息机会，反而受到更加沉重的压迫。比如在清末还没有大规模发生预征税款的情况，民国时期的四川居然出现了预征一百年以后的赋税的情况，而附加税达到正税的 73 倍。具体的，可以从以下几个方面来分析。

首先是战争和天灾。河北省的大名县，从 1913 年（民国二年）到 1933 年（民国二十二年）的二十一年间，有十七年发生了天灾；[①] 新河县从 1913 年（民国二年）到 1928 年（民国十七年）的十六年间，有十四年发生了天灾。[②] 1928 年（民国十七年）到 1931 年（民国二十年）的四年间，平均每年受天灾波及 800 县，占全国总县数的四分之一，受灾人口达一亿一千余万，占全国总人口四分之一。1942年河南大旱，饿死 300 万人。[③] 农业生产因天灾而无法进行，农家财产又因天灾而蒙受损失。

其次是农村资金外流，高利贷横行。以往农民所需要的生活费用与生产资金常可在本地借贷。随着新兴工商业的发展，许多农村地主转而投资于工商业，这些地主也逐步从在村地主变成在外地主，与农村的关系渐行渐远，其收租方式也发生了变化：下打租变成上打租，分成租变成定额租，并且租金货币化，同时在有些地方租金是按年成最好的时候固定了下来。农村的不稳定，也使得地主们不愿意将资金存放于乡村，改存于银行，而银行集中于通商口岸

---

① 《大名县志》。

② 《新河县志》。

③ 沙健孙主编：《中国共产党史稿（1921~1949）（第四卷）》，中央文献出版社 2006 年版，第 663 页。

与大都市，尤其是上海。农村资金外流，使得农民借贷愈加困难，农村高利贷横行，农民负担因此更重。据中央农业实验所的调研，1933 年全国负债农民已占到农民总数的 56%，其中农民负债率最高的地区达到了 79%，最低的地区也不低于 40%；借贷年利率平均为 34%，最低的浙江省也不低于 20%。①

再次是土地向少数人集中，农村贫困普遍化。中国自古以农立国，每一次的朝代更替无不与土地有关，土地的集中度能够较为客观地反映当时社会矛盾的紧张程度。根据李景汉对河北定县的调查，这个河北相对富庶的区域，在 20 世纪 20 年代的土地集中度达到了 50%，当时全国的土地集中度平均数据是 60%，即占总人口 10% 的地主富农拥有 60% 的土地，在江苏北部一带等地方，土地的集中度则高达 80% 以上。造成土地集中的原因是多方面的，包括上述的天灾和战争，也包括大小军阀和地主的巧取豪夺，其结果就是大量自耕农成为失地农民，一部分成为佃农或雇农，一部分成为流民。根据当时的调查，南方有些村庄的佃农比例高达 85%—95%，北方这个数字会稍低一些，但也达到了 70% 左右。随着田租数额增加及如上所述征收方式的变化，农民一年辛苦所得的大部分被地主占有，这个占有比例最高的达到 70%，最低的也达到 50%。农民靠着不到全部劳动所得一半的收入，已无法维持家庭的基本生计，更谈不上扩大再生产，乡村经济由此陷入恶性循环，农民的贫困化程度一步步加剧。

从次是农村赋税沉重，加剧农民破产。民国时期的赋税，其名目之多和沉重程度超过了历史上的很多时期。黄宗智在考察了 20

---

① 李德芳：《民国乡村自治问题研究》，人民出版社 2001 年版，第 181 页。

世纪 30 年代的华北农村经济社会变迁后，曾说"二十世纪地方政府权力的扩张，并对乡村的渗入和榨取，都超越了清朝的国家机器"。这与新政权依托现代化理念构建及其军事化程度加深有关，越来越庞大复杂的国家上层建筑及军事开支，必然要从底层盘剥供应。根据江苏淮阴的一份材料，20 世纪 30 年代当地征收的税费名目包括：征收费、运河亩捐、选举费、筑路经费、建设教育民治地方等费、公安队费、自治费、普教费、党部经费、县农会费、汽车股、道路费，共 12 项。从这些税费名目来看，上层结构想要建立现代化政治的意图是很明显的，但农业社会的下层结构依然根本没有积累来支撑这种激进的现代化诉求，其最后的败北是必然的。根据 1930 年"立法院"统计处的调查，田赋种类最多的地方已超过了 30 项，在有些被地方军阀控制的地区，其附加税数额又数倍甚至数十倍高于正税，如江苏的地丁银，1925 年规定每亩征 2.05 元，到 1932 年剧增至每亩征 15.2 元。

最后是士绅阶层没落，乡村治理恶化。以往士绅多居住在乡里，他们领导农民从事各种建设，对于乡土社会有安定的作用。现在他们集中到都市，不愿意再返回乡村，乡村无人领导，建设不能进行，挽回不了衰敝的趋势。农村的衰敝造成农民的外移，他们除了迁往东北和海外之外，有许多进入都市，成为劳工，新兴的工厂为乡村人口解决了一部分的就业问题。但是新工商业发展的程度仍然有限，容纳不了那么多失业的农民。于是他们有的成为都市里的无业游民，有的投入了军阀的军队，壮大了军阀的声势；还有的成为土匪，以河南一省为例，1925 年（民国十四年），河南比较有名的土匪在 50 股以上，每股人数少的有两三百人，多的达五六千人，总计在5万人以上，其中仅临汝（今抚州市临川区）一县便有土匪1.2万人。民间为了自保，也组成一些乡团，但是有时这些乡团也会变质，成为破坏地方的根源之一，华北的红枪会就是一例。土匪、军阀、乡团交相为害，使得农村经济愈来愈恶化。

没有乡土就没有未来，民国时期受连年战争影响，同时政府激进追求现代化，乡村最终因无力承担上层结构的各种压力而破产。其结果正如我们看到的，是上层结构的更替，国民党自食恶果败走台湾，代表下层结构利益的共产党建立新的政权。

## 三、新中国乡土社会的变迁

胡风用"时间开始了"来表达对新中国未来的期待。从乡土社会中走出来的新政权在各种内外压力下，延续着百年来工业强国的步伐。但在一穷二白的情况下，工业梦仍然只能建基在土地上，建基在乡村里。所以在第一个五年计划后，乡村的组织方式就快速过渡到高级社、人民公社，以适应工业积累对土地、原料和劳动力的需要。乡村被组织在人民公社里历经二十几年，其间有农业生产条件的改善、乡村卫生条件的改善等，但"大锅饭""割资本主义尾巴"等弊端对乡村生产力的束缚仍然是决定性的，乡村经济在此期间总体上没有得到根本的提升，农民仍然生活在困窘之中。到20世纪70年代末因外债和城市危机而启动的改革开放，人民公社解体，土地被重新分配到农民手上，同时因前三十年工业积累形成的势能带动了乡镇企业的发展，乡村因此气象一新，才有"在希望的田野上"传唱南北。与此同时，市场化改革在20世纪90年代开始加快步伐，各地农村在经济和文化上都受到了不同程度的冲击。新中国成立至今的七十多年，中国乡村虽然起起伏伏，但在总体上是一个不断探索的过程，具体可以从以下几个方面加以分析。

首先，乡村经济主体性日趋缺失，依附地位不断增强。乡村经济主体性一方面表现在农民对生产要素的掌控力，另一方面表现在农民对外部市场的依赖程度。在前三十年，作为乡村最重要生产要素的土地，实际上并没有掌握在农民自己手中；后四十年，土地在农民手中了，但其相对价值却是不断降低的，才有了今天很多地方土地抛荒的局面。从劳动力角度来说，新中国成立后农民被局限在土地上，局限在人民公社里，其生产的自主性极低，流动性也低，这个阶段的乡村劳动力并不由农民自己做主；改革开放后，劳动力得到了解放，农民的主体性增强，但很快农民就身不由己地加入进城务工的大军中，在工地上和工厂流水线上出卖自己的劳动力，留在乡村不能外出的则成为"劳动力残值"，这个阶段上，不管是进城或是没进城的，农民都缺少劳动力"发言权"。从农民对外部市场的依赖来说，如果说前三十年农村只有有限的内部市场，后四十年则是外部市场的全方位包揽，使农民失去市场的发言权，表现之一是乡村手工业的衰落。手工经济是乡村经济的重要组成部分，但乡村在外部市场的冲击下，农民对手工产品的消费被工业品替代，乡村手工经济因此陷入困境。乡村经济就这样被一块块阉割，最终完全成为工业和城市经济的依附。

其次，乡土文化不断削弱。与经济的依附性同步展开的，是乡土文化自信心的日趋丧失，农民对千百年来形成的村庄文化认同度越来越低。这同样可以从两个方面来加以分析，一是乡村互助文化的弱化，二是乡村生态文化的丧失。随着乡村货币化程度的加深，乡村过去建立在互助基础上的社会和经济系统逐步被以金钱为基础的社会和经济系统取代，乡村的社会资本因此受到极大地削弱。以农民最大的经济支出盖房为例，过去因为有互助文化的支撑，农民盖房不需要花多少钱，大家互相帮助就盖起来了；现在则不一样了，农民必须通过外出打工挣足够的金钱才能把房子盖起来。生态文化的丧失，最突出的表现是农民的农业生产行为以经济利益为第一考量，不再有保护祖辈传承下来的山水土壤的概念，大量使用农药、化肥、除草剂，污染自己赖以为生的家园。如今，我们只能在非常偏远的地方才能找到生态环境没有受到污染的乡村了，乡村的生态文化普遍受到了破坏。

最后，村庄数量在急剧减少。乡村数量是乡村兴衰的一份晴雨表，据统计[1]，自 2000 年至 2010 年，我国自然村由 363 万个锐减至 271 万个，十年间减少了 90 多万个，平均每天消失 80 到 100 个。这是一个惊人的数字，乡村的衰亡速度超出想象。范传鸿等认为农业现代化的文化转型，其核心所在就是使农民告别传统农业文明和自然经济条件下的自在自发的被动主体，转向现代工业文明和市场经济条件下的自由自觉的创造性主体。但是乡村主体性并非自然而然产生的。改革开放以来我国乡村长期作为城市第二、三产业转嫁发展成本的"受体"，主体性缺失，由此导致乡村"非农化"演化，乡村走向了"村庄终结"与"村庄异化"两个极端。

---

[1] 数据来源：《濒临消失的中国古村落：十年间减少了 90 多万个》，中国日报网 2017 年 12 月 11 日，https://baijiahao.baidu.com/s?id=1586459078353810551&wfr=spider&for=pc。

## 第 三 节
## 知识分子的百年主体性危机

　　知识分子作为上下层结构的连接部分而存在，可以称为中层结构，这一结构也可以说是上下层互通的中枢。这一百多年来中国社会的变迁，知识分子在其中扮演的角色令人深思，当我们开展乡村建设研究时，不能不把他们纳入进来加以考察。实际上，在历史发展的很多关键时期，知识分子都发挥了举足轻重的作用，不管这种作用是正面的，还是负面的。本书从知识分子的主体性这个层面，展开其作为中层结构在上下左右运动中面临的危机问题研究。

### 一、知识分子的主体性问题

　　马克思认为"主体是人，客体是自然"，"作为主体的人必须是出发点"。后现代主义哲学家否定主客二元分法，认为"我"、主体，既不是自己的中心，也不是世界的中心。更多的人开始从"非中心化"的角度来思考世界，认为每一个中心都是系统的一个功能成分；系统并非只有一个中心，它能够任意地按照变化着的需要，为自己创造中心。这里探讨的主体性问题，主要从知识分子作为一个群体的独立性这个角度进行探讨，独立性意味着知识分子作为中层结构这个角色的责任意识。责任感意味着独立性，独立性意味着主体性，这是知识分子作为人这一主体的呈现。但还有一条线索，即知识的主体性问题。如果知识不讲责任，知识就不可能是独立的，也就谈不上主体性问题。如果知识分子的主体性不能和知识的主体性一致，则知识分子的主体性也是一句空话。

## 二、知识的百年主体性问题

一般认为，知识没有主客体之分。但知识作为一种工具，由于其生产者和运用者的不同立场，实际上有主客体之分，特别是在工业革命以后，知识被资本利用，成为资本掳掠世界的一种重要工具。实际上，知识女神被资本和权力捆绑，是工业革命以来世界上最重要的事件之一。你可能会问，难道在以前，知识女神都是自由的？当然不能这么说，在任何时代，知识女神的自由都是相对的。我只是说，工业革命以后知识女神的自由比以往任何时代都极大地缩小了，因为资本登上了历史的舞台。资本和权力的合谋同时使两者的恶都得到了最大化的发挥。这一百多年来的历史演进，是殖民者的知识取代被殖民者的知识过程，当然，你也可以说是强者的知识取代弱者的知识的过程（强弱的概念正是知识主体性缺失后在意识中形成的）。对中国来说，自鸦片战争失败后，西方知识开始攻城略地，逐步取代了中国知识，当然，也可以说是"先进"知识取代了"落后"知识（先进和落后的概念同样是知识主体性缺失后在意识中形成的）。中国知识在国家于战场和市场上的不断失利中落荒而逃，直到退无可退，大多数中国人丧失对中国文化的自信。这一点，可以从中西医在今日中国的不同命运中得到很清楚的说明，中医知识在母国成为客体，西医知识反倒成了主体。

## 三、知识分子的百年主体性危机

知识分子的主体性危机与知识的主体性问题是同步展开的，一方面由于知识主体性缺失造成的知识分子主体性缺失，另一方面则表现在知识分子的各私其私、社会责任意识淡漠上。鸦片战争后的中国知识界，在"落后就要挨打"的认识下开始睁眼看世界，他们首先看到的是西洋的枪炮、坚船、利剑，而有"师夷长技以制夷"的认识和洋务运动；其次看到的是西洋的政治制度，卢梭、达尔文等人的学说被介绍进来，并有宪政改革之举措，以推翻旧制度为使命的辛亥革命，其肇始也可溯于西洋政治哲学在东方的流布；此后便是在政治层面上的阶级斗争、民主自由理念，在经济层面上的计划经济、市场经济理论这两大脉络贯穿百年中国。从积极的面上来说，百多年来有责任意识的中国知识分子的向西取经可以理解为一种自强行为；从消极的面上来说，这种行为同时伴随着一种自贱，即对中国知识这个主体的自轻自贱。关于积极的方面，已有很多的论述，本文主要论述的方面，不是要否定积极面，乃是希望今天的知识分子能更好地回归主体性。仍然举中国医学为例。1913 年 1月，教育部公布《大学规程》医学、药学两门，医科大学按照西方医学科目设置①，中医没有被纳入近代教育体系；1916 年，毕业于日本大阪医科大学的余云岫，受明治维新时期废止汉医思潮影响，撰写《灵学商兑》，断定中医立足于阴阳五行的哲学式空想之上，因而是"非科学的"；1925 年，教育部继续拒绝了中医进入大学学系的要求；1929 年国民政府卫生部开会讨论废止中医案②。在"五四"新旧思潮激烈冲突中，知识界批评中医愚昧落后之声日渐高涨，认为中医不论是其理论还是其实践，均不能成为科学研究的对象，而是属于科学的对立面，中医被等同于迷信与巫术，行医者是"依神道而敛财之辈"，中医成了阻碍进步、阻碍改革的罪魁祸首。在科学主义高扬的思想背景下，难以为近代科学所证明的中医，同样难以在科学上找到依据，因而也就不具备合法性。学理上不具有科学性，自然在现实中就缺乏生存合法性，于是废止中医，便成为合乎逻辑、合乎时代潮流之事。同样是知识分子从西洋拿回来的科学这个"赛先生"，成为知识分子废止中国医学的工具，这是颇有讽刺意味的。余云岫们这些知识分子的自贱行为，正是典型的主体性缺失的表现。遗憾的是，直到今天，这种自贱行为在知识界仍然存在，西方知识体系渗透到了中国知识体系的各个方面，在有些领域已经占有绝对的优势，这从当今各大学院校的学科建设就可见一斑。

---

① 郑彭年：《西风东渐——中国改革开放史》，人民出版社 2005 年版，第645 页。

② "废止中医案"，见 https://baike.baidu.com/item/废止中医案/10148387？fr=aladdin。

对本土知识的漠视甚至欲除之而后快的自贱行为，是中国知识分子主体性危机的一个方面。还有一个重要的方面是，作为中层结构的知识分子，日益脱离基层结构，与大众的距离越来越远，越来越依附权力和资本。好比一个人双手抱着一根梁挂在空中，想要尽力向西学靠近而左右摇晃不愿跳到地上。中国知识分子的普遍形象就是如此，其独立性可想而知。古希腊神话中的安泰俄斯号称大地之子，没有人能打败他，因为他能从大地吸取源源不绝的强大力量，直到赫拉克勒斯发现了他的弱点，把他举到空中，切断其与大地的连接，才最终将其打败。这个神话故事给中国知识分子的提醒是显然的，离开了双脚所踏的这片土地，离开了大众，知识分子将失去力量。中国自古以来，读书人通过科举功名离开生养他们的土地，其仕途升迁和下层结构的利益在善治时期关系紧密，在乱治时期则直接对立。鸦片战争后直到新中国成立前，中国的治理江河日下，在内忧外患之中，中国知识分子一部分走与基层结构结合的道路，意图彻底更替上层结构，远的如洪秀全等发动的太平天国运动，近的如共产党人领导的人民革命战争；一部分知识分子虽有意撼动上层结构，但没有与下层结合，如公车上书、辛亥革命、"五四"运动等；更多的知识分子选择了与上层结构的妥协，傍附在上层结构已腐烂的肌体上。新中国成立后的两个时期，前三十年中国知识分子在上层结构的动员下，总体上能与大众心手相连；后四十年一部分知识分子则日益脱离基层结构，同时傍附在资本的肌体上，加之这个时期西学之风更为强劲，其独立性几乎全部丧失。

## 第四节

## 乡村建设作为手段：一个世纪的梦想与实践

在上述关于知识分子的评述中，还有一类知识分子，其与基层结构的结合是为了在既有的系统中，强化各阶层的联结，壮大基层结构的力量，夯实善治的基础，也即"固本"，从而达到民族自救自强的目标。这类知识分子在历史上被称为"平民教育家""乡村建设者"，由他们发起的运动称为"平民教育与乡村建设运动"。他们中的代表人物包括张謇、黄炎培、陶行知、晏阳初、梁漱溟、卢作孚等。民国时期的这一拨平民教育与乡村建设运动，其精神和实践内容在新中国成立后前三十年由上中下三层结构共同延续着，如扫盲运动、合作社运动、赤脚医生制度、上山下乡运动等。改革开放后前二十年间，依托中央农村政策研究室（后转为农业部农村政策研究室），曾有一场持续十余年的名为"农村改革试验区"的乡村建设试验①，这是一小部分知识分子根据中央的部署进行的制度创新努力，或者也可以直接说是中央的努力，与各阶层结构没有太大关系。21世纪初开启的新乡村建设运动，承续民国年间的乡村建设精神，由一部分知识分子发起，通过与下层结构的紧密结合，以组织和教育创新作为手段，意图实现上层结构的制度创新和民族振兴。本节以张謇和晏阳初为代表对民国乡村建设进行简单梳理。

## 一、以张謇为代表的早期乡村建设努力

毛泽东提到中国民族工业不能忘记的四个实业家中，有张謇的名字，但一般大众对之是比较陌生的，除了他的家乡江苏南通的人民，因为他曾有"南通王"的称号。张謇代表了民国时期"实业救国"和"教育救国"的先声，提出了"父教育，母实业"的主张，在实际工作中"以实业补助教育，以教育改良实业"。② 1902年，张謇创办了中国第一所民办师范学校——通州师范学堂，后来又陆续创办了女子师范学校，以及多所小学、中学、幼儿园等，同时还创办了十几所职业学校，包括纺织、农业、医学、河海工程、商业、水产等。这些学校的创设与张謇在南通推进的实业工作相得益彰，互为表里，相互促进。此外，张謇在南通还创办了图书馆、博物馆、气象台、盲哑学校、伶工学校、剧场、公园和医院、养老院等公益机构。从这些众多机构中，我们可以看到张謇在南通推进

① 吴睿娜编著：《我与新中国70年》，人民出版社2019年版，第194页。
② 王敦琴等著：《张謇与近代新式教育》，人民出版社2015年版，第162页。

的乡村建设是一项系统的工程，其以实业和教育为两大抓手，谋的是南通经济、文化、教育、社会甚至政治的整体变革。张謇的乡村建设思想主要体现在实业和教育两个方面。

## （一）张謇的实业思想

甲午海战后签订的《马关条约》规定了外国人可以在中国直接设厂，外资开始大量涌入中国，侵蚀中国本土的经济，乃有"设厂自救""挽回利权"的呼声。在这种背景下，张謇认识到"中国须兴实业，其责任须士大夫先之"，"其根本在先致力于农工商"①。他认为洋务派之所以变法失败，原因在于"变法从兵入"，而不像日本"变法从工入"。在上述认识下，张謇弃官从商，开始其长达近三十年的实业救国道路。具体如何发展实业，"从什么工入"，张謇也有自己独到的见解。他认为发展工业要根据国情和地方特点因地制宜，分轻重缓急进行，根据当时棉铁贸易逆差巨大的实际，张謇提出发展实业以"棉铁为中"的思想，认为"棉铁两业可以操经济之大权"，所以大生纱厂一直是南通实业的支柱。而像棉纺工业这种类型的轻工业，必须建立在作为原料来源的农业发展的基础上，所以张謇提出"天下之大本在农"的思想。但单纯强调轻工业是不够的，重工业必须同时得到发展，因为轻工业所需要的机器都来自重工业，所以张謇在南通还创办了资生冶铁厂。此外，张謇也很重视引进外资和发展对外贸易，前提是必须独立自主，不能受"外洋挟制"，否则就会出现出口越多，外商剥削越多，国家就越穷的局面。需要特别强调的是，张謇关于实业的思想是建立在其作为

① 张謇:《张季子九录·实业录》，卷二、卷四。

教育的经济基础这一认识上的，所以他会有"实业教育，富强之大本也"的思想，在发展实业的同时大力发展教育。

## （二）张謇的教育思想

教育与实业互为表里，就有了张謇的实业教育思想，实业教育也即职业教育，以培养为实业发展服务的人才为宗旨。张謇的实业教育思想体现在他的"学必期于用，用必适于地"[①] 上，地方上有什么样的需要，就办什么样的教育，这种因地制宜的教育思想类似于陶行知提倡的生活教育，有什么样的生活，就有什么样的教育。在这种思想指导下，张謇随着实业发展需要举办各类教育机构，其创办的职业学校（含专业）就多达三十几所。如果说张謇的教育只是培养职业所需的人才，那就太狭隘了，实际上在办教育之始，张謇就提出了"国家思想，实业知识，武备精神，为教育之大纲"[②]的思想，"实业知识"和"武备精神"的培养目标比较好理解，"国家思想"可以从他对"中学为体，西学为用"的认识来理解，他认为小学阶段要以中学为体，注重家国情怀和德行的培养，中学阶段以后则需要两者并重，要大力吸收西方的新知识、新文化，同时保留和发扬中国的传统文化和道德情操，也即"办教育要辨国情，学西方，不泥古"[③]。在这种思想指导下，张謇特别重视科学技术教育和商业教育，并专门创办了商业学校，教授银行学等科目，这在当时是非常先进的。

---

① 张謇：《张季子九录·教育录》，卷二。
② 张謇：《张季子九录·教育录》，卷一。
③ 张兰馨：《张謇教育思想研究》，辽宁教育出版社1995年版。

## 二、以晏阳初为代表的民国乡村建设与平民教育理念

自张謇以后，民国乡村建设呈现出五彩斑斓的景象，各路知识分子在民族存亡的危机面前，纷纷走向民间，与基层结合。据统计，当时有 600 多个团体参与了 1000 多处乡村建设试验区的建设，其中又以晏阳初、梁漱溟、陶行知等开展的工作最为知名。要把民国年间的这一浩大运动呈现出来，非本研究力所能及，仅选取其中的代表人物之一晏阳初进行简要的分析，以稍稍把握这些知识分子的思想理念。

### （一）晏阳初"民力"观提出的背景

19 世纪末，人心思变，在朝在野的有志之士在思想上和实际行动中为中国的变革寻找新路，从"物竞天择"和"师夷长技以制夷"之论到公车上书、维新变法，以至梁启超的"新民之说"："苟有新民，何患无新制度、新政府、新国家。"没有人民的觉醒，一切终究不过是虚幻而已。这种新民观影响了整整一代人。毛泽东当年在湖南组织的"新民学会"就直接用了"新民"二字，鲁迅和胡适则深挖"旧民"，从国民性的角度，不管是在文学还是学理上，对中国的旧民进行了彻底的批判。鲁迅笔下的阿 Q、祥林嫂、闰土、假洋鬼子等，这些人物的塑造，其源头都在作者本人对国民性的省思上。新中国成立之后，毛泽东的路线是先建立新制度、新政府、新国家，再以举国之力塑造新民，从 20 世纪 50 年代初开始的夜校、合作化运动等，都可以看出毛泽东的"新民"情结。晏阳

初是一个主张社会改良的实践者。他对"新民说"的呼应，是在平民教育实践层面的呼应。他在提出自己的"国民性"观的同时，亦以70年的光阴付诸实践，通过平民教育和乡村建设去改造"国民性"，从中国到世界，从"除文盲，作新民"到"除天下文盲，作世界新民"。

## （二）晏阳初对"国民性"的理解

对于当时中国的国民性，晏阳初的评价是"愚、穷、弱、私"。"愚"就是愚昧，因当时中国有85%的人不识字，是"睁眼瞎"，只能任凭贪官污吏横行；"穷"指的是生产能力落后，人们吃不饱、穿不暖；"弱"指的是身体上的，当时中国人有"东亚病夫"的称谓，中国的医疗卫生事业极其落后，人们有病无处医无钱医，各种疾病甚至瘟疫横行；"私"指的是人们普遍自私自利，不团结，窝里斗。晏阳初将这四种病归因于中国几千年历史所累积、外敌入侵、封建主义，归因于政治、经济制度，认为不是下一剂猛药就可以解除的，而是必须以中医的办法，分若干个疗程，慢慢治疗，而其开出的方子是从识字运动开始，再以之为基础，延伸到文艺、生产、健康、公民，即"四大教育"，并且在家庭、学校、社会，以"三大方式"同步推动。

## （三）晏阳初的"民力"观

晏阳初提出的"民力"立基于他在第一次世界大战尾声的法国战场上为华工翻译服务之所得。在与这些当时来自山东、河南等地的农村，世人称之为"苦力"的互动中，发现了其身上蕴藏着的巨大的"力"，即正义感、爱国心与奉献意识，据此提出了"脑矿说"。晏阳初认为，人们身上蕴藏着巨大的力量，就像待开发的金矿、银矿一样，人们身上潜藏的这些力量就是"脑矿"，只要有适当的教育机会，这些力量就可以被发掘出来，一旦这些力量得到发扬，家国岂有不兴之理？"信任平民的卓越质量及一切可能性。"此外，晏阳初亦提出"四力说"，他把人们身上潜藏的这种力量分为四种，即知识力、生产力、健康力、团结力，只有这"四力"兼具者，才能被称为"新民"。在具体的平民教育和乡村建设实践中，晏阳初发展出培养"四力"兼具者的一整套方案，即以文艺教育培养知识力、以生计教育培养生产力、以健康教育培养健康力、以公民教育培养团结力。而教育是与建设一体的，这"四力"培养的过程，就是建设的过程，是社会改造的过程。所以我们会看到晏阳初的生计教育不是简单的生产技术教育或品种改良，而是同时把合作组织建设植入，把提升农民的组织能力作为生计教育的重要组成部分；健康教育则伴随三级卫生保健制度的建立开展；文艺教育在进行识字和戏剧教育时，把思想观念的建设作为重要目标；公民教育则更是在实际的组织中进行，如同学会、自卫队等，后期，更是把县政建设与公民教育结合了起来。

知识分子改造乡村的努力，百年来一直以一种前赴后继的姿态承继着，这种努力与西方列强对中国的军事欺凌和经济掠夺同步，也与西方现代化话语对中国主体性的消解同步。所以也可以说，百年来的乡村建设努力，是作为中层结构的知识分子自觉（或被迫）与下层结构结合，冲破西方的掠夺和话语桎梏的努力。

## 第二章

新乡村建设的
问题意识与缘起

# 引 言

　　作为本书呈现的新乡村建设尽管是 21 世纪初启动的，但正如上一章所探讨的，其与民国时期的乡村建设运动有着很深的精神连接，两个时代的知识分子在面对乡村的衰败时不约而同地选择了走向民间与农民为伍，试图从农民的生活问题中寻找复兴乡村的道路。新乡村建设同在这种精神中，其问题意识也就必然要上溯到中华人民共和国成立以来的乡土社会变迁中，乡村的建设问题也在这种变迁里不断发展。

　　中华人民共和国成立初期，乡村为国家的工业发展做出了牺牲；改革开放后，中国加快了市场化改革的步伐，工业化和城市化是市场化的题中之义，乡村在这种发展战略中也注定只能是一个背影。直到 2003 年，"三农"问题成为全党工作的重中之重，乡村开始站到历史的前台，一系列利好政策使乡村得到前所未有的关注；

工业反哺农业、城市反哺农村，从取消农业税到新农村建设、美丽乡村建设，再到乡村振兴，多达十几万亿元的资金投向乡村，使乡村的面貌得到了较大的改观。

但无法忽视的事实是，在乡村硬件得到较大幅度改善的条件下，乡村流出人口却在进一步增加，乡村空心化问题变得越来越严重。

新乡村建设自21世纪初开始启动，即着眼于乡村的可持续发展，探索不断外流的土地、资金、劳动力三要素如何能够回流农村，减缓乡村空心化进而走向衰竭的步伐。

▲

# 第 一 节

# 新中国的工业化实践与城乡二元结构的形成和巩固

如前所述，以工救国，以工立国，以工强国，是自鸦片战争以来每一个有良知的中国人的梦想。先有清末洋务派的以工强兵之举，因甲午海战失败成一地鸡毛；接着有以张謇、卢作孚为代表的实业救国努力，终因官僚资本和西方资本的挤压而无力维持。民族工业发展到1949年，虽然其间有"民国黄金经济建设十年"的发展，但接着是十几年的战乱，工业基础受到很大的破坏，尽管不能说是一穷二白，但用极其薄弱来形容还是恰当的。自鸦片战争到新中国成立的百年工业化努力，可以说梦想落空，几代人的前赴后继，并没有建立起完整而自主的工业体系。新中国成立后，面对虎视眈眈的西方列强，为了保障国家政治独立和国防安全，党中央最终确定了由毛泽东同志提出的以"重、轻、农"为序的工业化发展道路，借鉴苏联经验，优先发展重工业。但在一穷二白的国情下，如何发展工业？如何进行工业的原始积累？显然新中国无法像西方一样走对外掠夺的工业化道路，只能在内部完成工业化的原始积累，只能尽可能从农业领域提取剩余用于发展工业。由此自然就有了新中国为实现工业强国的梦想而进行的相应制度安排，城乡二元结构的形成可以说是这些制度安排的结果之一。

## 一、新中国的工业化实践

新中国成立后，国家采取大力发展工业特别是重工业的战略，这一战略的实施尽管受到各种包括政治运动在内的天灾人祸的干扰，但到改革开放前，我国已经形成了相对完整的重工业体系，这一体系为改革开放后的工业化进程打下了坚实的基础。本文将新中国成立七十年来的工业化进程分为四个阶段，分别是新中国成立初期（1949—1957 年）、新中国成立中期（1958—1978 年）、改革开放初期（1979—1992 年）、改革开放中期（1993 年至今）。

### （一）工业化起步

连年战争以及国民党政府的腐败使 1949 年的中国陷入破产的边缘，国民经济已无法维系。所以新中国成立后的第一要务就是尽快恢复国民经济，稳定市场秩序，巩固刚刚建立起来的新政权。经过几年的努力，1950—1952 年，我国社会总产值年均增速达到 22.9%，其中工业产值年均增速为 34.8%[①]。到 1952 年，国民经济迅速恢复

---

① 　江海波：《我国工业发展 50 年的历程和成就》，《中国工业经济》1999年第 9 期，第 9—15 页。

到新中国成立前的最高水平，但现代工业产值在全国工农业总产值中的比重只占 43.1%，重工业产值在工业总产值中占 35.5%。许多重要工业品的人均产量远远落后于工业发达国家，落后农业国的地位并未得到根本改变。1953 年党中央正式提出"逐步实现国家的社会主义工业化"，在周恩来同志的政府工作报告中也将实现工业现代化作为实现"四个现代化"的首要目标。由此，国家制定的"一五"计划把优先发展重工业（含国防工业）作为国家的重大战略予以强调。以苏联援建的"156 项"为核心的近千个工业项目为基础，"一五"期间我国正式启动了新中国的工业化进程，并以较快的速度构建起了以能源、原材料、机械制造为主要内容的工业体系，使我国重工业实现了从无到有的重大突破，奠定了工业化的初步基础。"一五"时期，国内生产总值增速为 9.3%，第二产业增速则达到 18.1%，其中重工业产值年均增速达 25.4%。[①] 我国的工业化进程可以说有了一个很好的起步，但从农业人口占比仍然高达 80% 来看，这个起步还是颇有偏差的，或者说是一种跛足中的起步。

### （二）相对完整的工业体系建立

1958—1978 年，我国工业化先后经历了以钢铁行业为重点突破的"大跃进""国民经济调整"时期的工业大规模下马、以战备为目的的"三线建设"，以及"五小工业"建设等发展阶段。[②] 这个时期我国遭遇了较为严重的困难，国民经济停滞不前，人民生活困

---

① 韩保江、杨丽：《新中国 70 年工业化历程、成就与基本经验》，《改革》2019 年第 7 期，第 5—15 页。

② 肖翔、董香书：《工业化中政府作用的动态经济学分析》，《经济评论》2012 年第 3 期，第 39—48 页。

窘。但这个时期重工业和国防工业的发展取得了较大的进展，一、二、三产业增加值在国内生产总值中的占比分别由 1957 年的 40.1%、29.6%、30.3% 变为 1978 年的 27.7%、47.7%、24.6%。在工业总产值的占比中，轻工业由 55.0% 下降到 43.1%，重工业由 45.0% 大幅上升到 56.9%。[①] 从工业结构来看，这一时期，机械工业和化学工业的产值结构扩张幅度最大；食品工业和纺织工业萎缩的幅度最大；石油工业的产值比例由 1958 年的 0.9% 上升至 1978 年的 5%，结构扩张幅度排在第三位，产值增长率则排在所有工业行业的首位，达到 17200%；冶金工业在经历了大炼钢铁时期的产值比例疯狂扩张（从 5.9% 上涨到 13.8%）之后，结构比例一直上下波动。[②] 这一时期，工业结构的失衡现象较为突出，在政府的强力干预和计划下，重工业的比重在 1960 年曾高达 66%，但轻工业和农业却受到了过大的抑制，特别是作为工业原材料来源的农业，在这一时期一直没有很好的发展，进而导致工业结构进一步失衡，跛足状态更为明显。但尽管如此，到 1978 年，我国的工业门类已相对齐全，特别是重工业的发展为改革开放后的工业化结构调整进程提供了保障。

### （三）工业化进程加快，结构优化

因包括外债压力在内的国内外压力下启动的改革开放开始对过去形成的重工业发展战略进行调整，农业和轻工业的战略位置得到

① 汪海波：《新中国发展经济的伟大成就及其新的走势——庆祝国庆 65 周年》，《经济与管理研究》2014 年第 10 期，第 5—13 页。

② 李博、曾宪初：《工业结构变迁的动因和类型——新中国 60 年工业化历程回顾》，《经济评论》2010 年第 1 期，第 50—57 页。

提升，同时引入市场机制对工业要素结构和消费结构进行调整，使农业、轻工业和重工业得到了协调发展。这一时期的工业发展动能包括以下几个方面：一是分田到户的实施和统购统销政策的取消，农产品的市场价值得到体现，激发了农民的生产积极性，农业得到了较大的发展；二是国有企业改革提升了企业效能；三是乡镇企业和民营经济从无到有，特别是乡镇企业得到长足发展，就近承载了农村劳动力向非农产业转移，"人口红利"得到有效释放。这一时期，国民生产总值保持了 10% 以上的增长率，1984 年更是达到了15.4%。从工业结构来看，由于国家对经济的管控放松，经济的市场成分逐步增加，社会需求结构发生较大变化，从而导致轻工业和消费类机电行业的迅速扩张，食品、纺织服装行业结构比例回升，形成了一轮由需求结构拉动的工业结构变迁。

## （四）工业化与市场经济发展相得益彰

1993 年 11 月，党的十四届三中全会通过了《中共中央关于建立社会主义市场经济体制若干问题的决定》，该决定明确提出建立社会主义市场经济体制的目标模式，市场在国家宏观调控下对资源配置的基础性作用得到了强调和落实。在这一阶段，逐步建立起了以金融、劳动力、房地产、技术和信息为重点的市场体系，为工业化快速推进提供了充足的资本、劳动以及技术支持。此外，对外贸易和利用外资额迅速增长，从 1993 年到 1997 年的五年总出口额达到了 1 万亿美元，外资利用额也达到了 1600 亿美元；到 2007 年，我国的外贸总额更是达到了 18 万亿美元，外贸依存度也达到了66.3%，对外开放政策包括加入 WTO 成为这一时期工业发展的重要动能。从三次产业结构看，这一阶段第一产业在国内生产总值中的占比逐年下降，第二产业占比基本维持在45%以上，并且基本保持了15%以上增速的高速发展，第三产业占比呈现逐年上升趋势。但1997年的亚洲金融危机和2008年开始的全球金融危机，政府通过投资拉动经济增长的政策使这一时期的重工业比重持续提升，2005年达到了69%[①]。其结果是这一时期的环境污染压力空前高涨，经济结构也陷入失衡危机，科学发展观在这一时期得到了强调。党的十八大以后，我国的工业化进程进入高质量发展阶段，第三产业比重超过了第二产业，工业结构得到进一步优化。2015年国务院印发《中国制造2025》，提出了分"三步走"建设制造强国的战略目标，并实施国家制造业创新中心、智能制造、工业强基、绿色制造、高端装备制造五大工程。现在，在我国的经济构成中，占比最大的三个行业分别是电子和专业设备制造业（23%）、化工和石油行业（20%）、汽车制造业（10%）。

新中国七十年的工业化进程，一波多折，从一穷二白到今天的制造业第一大国，几代人持续不断的努力正结出丰硕的果实，我国已成为唯一拥有所有工业门类制造能力的国家。在500种主要工业品中有220多种产量位居世界第一，"中国制造"已走入全球230多个国家和地区。联合国统计司数据库数据显示，到2016年，中国制造业增加值达到30798.95亿美元，占世界比重达到24.5%，比位居第二的美国制造业增加值多出了近万亿美元。但在这些成绩背后，也有不少隐忧，其中之一就是自新中国成立以来一直承担着工

---

① 韩保江、杨丽：《新中国70年工业化历程、成就与基本经验》，《改革》2019年第7期，第5—15页。

业化代价转移的"三农"问题，城乡二元结构的形成和巩固是这一问题的主要表现之一。

## 二、城乡二元结构的形成和巩固

新中国成立后，以重工业为主的工业化路线的确立，在当时的历史条件下，意味着"三农"要为工业化道路提供包括土地、劳动力、原材料在内的所有要素。在工业资本基本为零的情况下，这些要素的供给必然无法按市场的逻辑进行，只能是国家有计划地干预，伸手向"三农"领域要资源供给工业领域。措施是我们熟知的包括统购统销、工农业产品价格剪刀差、人民公社制度、全民大炼钢铁、户籍制度、限制农民进城等。据统计，截至 1978 年，工业部门通过价格剪刀差向农业部门提取的剩余就达 7000 多亿元[①]。城乡二元结构正是在这一系列的制度安排中逐步形成的。改革开放后，人民公社制度解体，对外贸易和利用外资大幅度增加，工业资本也有了一定的积累，市场的作用越来越明显，从理论上看，过去形成城乡二元结构的条件已基本不具备，城乡二元结构应该被打破。但现实恰恰相反，城乡二元结构却在改革开放后被进一步巩固了。其原因在于工业化进程的加快，以及与之相伴的城市化和市场化进程，"三农"在没有任何防护的情况下被裹挟进这"三化"进程中，被进一步剥夺。如果说新中国成立后前三十年城乡二元结构

---

① 李茂岚：《中国农民负担问题研究》，山西经济出版社 1996 年版，第 136 页。转引自巴志鹏：《建国后我国工农业产品价格剪刀差分析》，《临沂师范学院学报》2005 年 4 月。

的形成是"计划"之手所为，改革开放后城乡二元结构的巩固则是"市场"之手所为。

如前所述，新中国成立后中央确定了重工业发展战略，在无法通过外部形成工业资本原始积累的情况下，只能从内部获得，这个内部就是"三农"。在当时的国际环境下，以美国为首的几乎所有资本主义国家都对中国实行了封锁，并且随时有战事威胁，朝鲜战争就直接爆发在了国门之外，台湾海峡还有美国的第七舰队巡游，以毛泽东同志为核心的党中央没有其他的选择，只能走工业自强的道路，而且要快步走。遗憾的是，我们单腿走路的步伐迈得过大了，对"三农"的剩余提取过多，使我国整体的社会经济失去了平衡而"欲速则不达"。

### （一）统购统销政策

1953 年 10 月 10 日，在北京举行的全国粮食会议上，陈云作了《实行粮食统购统销》的报告，详细分析了全国粮食问题的严重形势，提出了"又征又配"等 8 种方案，包括在农村向余粮户实行计划收购（统购），对城市居民和农村缺粮户计划供应（统销），严禁私商自由经营粮食，由国家严格控制粮食市场；对私营工商业进行严格控制；在中央统一管理之下，由中央与地方分工负责对粮食进行管理。同年 10 月 16 日，中共中央政治局会议讨论通过了《中共中央关于实行粮食的计划收购与计划供应的决议》。相关政策由中央人民政府政务院于 11 月 19 日发布，这标志着粮食统购统销政策的正式出台。陈云指出，实行计划收购和计划供应，是为了在人民购买力提高、许多商品供不应求的情况下，首先保证出口和大中城市、工矿区的物资供应，而这样做又是为了保证国家工业化建设的顺利进行①。统购统销政策实施之初，实现了抑制投机、缓和粮食危机等目的。但后来带来连锁反应，由粮食发展到油料、棉花等多种产品实行派购（即按照国家政策，商业部门借助行政手段，规定交售任务，农副产品生产者按照任务和计划价格，交售农副产品）②。

统购统销政策在新中国成立初期面临的粮食危机背景下出台，直到改革开放后逐步取消。如果说政策出台的初衷是应对粮食危机的话，其后该政策一直延续三十余年，并且从粮食领域扩展到几乎全部农产品，就不仅仅是应对粮食危机的问题了。实际上，正如陈云所说，这一政策为工业化的顺利实施铺平了道路，工业所需的原材料来源有了保障。但这种政策必然是以牺牲农民为代价的。这一政策的实施对农村经济的影响概括起来有以下几个方面：一是农民收入减少，因为粮食收购价格通常比市场价格低很多。据研究，1953—1978 年，国家的粮食收购价格上涨了 50%，同期自由市场粮食价格却上升了近 3 倍③；二是乡村副业减少，这些副业包括养猪、食品加工业（榨油、豆腐坊、粉坊、面坊等）、纺织及运输（包括挑贩）等；三是农村商业活动减少，经济活动受到较大的抑制。与统购统销相伴而生的"剪刀差"，则更是把农民的汗水进一步压榨。到 1978 年，农村还是一穷二白，贫困人口占比达七成以

---

① 朱佳木主编，中共中央文献研究室编撰：《陈云年谱》，中央文献出版社 2000 年版。

② 孙庭阳：《统购统销政策的建立与变革》，《中国经济周刊》2019 年第 9期，第 27—28 页。

③ 郑风田：《制度变迁与中国农民经济行为》，中国农业科技出版社 2000年版，第 74 页。

上。1952—1978 年，中国工业总产值增长了 15 倍，而农业总产值只增长了 1.3 倍[①]。1978 年，中国农村居民家庭人均纯收入 133.6 元，人均生活消费支出 116.1 元，恩格尔系数达到 67.7%[②]，农民处于绝对贫困状态。

## （二）户籍制度

在新中国成立初期，源于城市工作岗位、教育、医疗等城市公共资源的稀缺，在一切为工业发展让路的背景下，1958 年 1 月，《中华人民共和国户口登记条例》出台，第一次明确将城乡居民区分为"农业户口"和"非农业户口"两种不同户籍。利用户籍制度作为公共资源分配的门槛，对人口自由流动实行严格限制和政府管制。表面上看，这是一个单纯的身份划分问题，实际上却是一个基本的权利问题。城里人和乡下人在一个国家内被分成了两个不同的利益群体，除了少数人通过升学、当兵、招工等渠道有机会进城外，大部分农民被固定在一亩三分地上，失去了自由流入城市的机会，城乡二元分割的局面在这种户籍制度下进一步固化。既从农村要各种资源为城市工业服务，又限制农村劳动力进城，人为制造出两重世界，形成了当时的畸形的城乡关系。中国城市化进程在这一时期处于基本停滞的状态，城市化率在有些年份甚至出现负增长。1978 年年末，中国城市化率仅有 17.9%。

---

① 韩俊：《中国城乡关系演变 60 年：回顾与展望》，《改革》2009 年第 11 期。

② 《中国统计年鉴》，转引自刘保中、邱晔：《新中国成立 70 年我国城乡结构的历史演变与现实挑战》，《长白学刊》2019 年第 5 期，第 39—47 页。

### （三）人民公社制度

新中国的成立使"耕者有其田"成为现实，农民的生产积极性得到了释放，农村呈现出一派欣欣向荣的景象。但有什么样的经济基础，就需要有什么样的上层建筑与之配套。当 1953 年中央启动"一五"计划，把大力发展重工业作为国家战略时，为了能更好地统筹协调国内（主要是乡村）资源为这一战略服务，就必然要进行治理结构的调整。人民公社制度正是在这一背景下隆重登场的。但这一制度并不是一朝形成的，此前曾有互助组、初级社、高级社的组织形式，人民公社是农民合作化运动的高级组织形式，有意思的是，这一制度的确立，是在冒进与反冒进的争论中实现的，毛泽东在 1957 年 9 月的党的第八届三中全会上作了《做革命的促进派》的讲话，严厉地批评了反冒进，由此拉开了"大跃进"的序幕。1958 年 5 月的中共八大确立了"多快好省建设社会主义"的目标，标志着"大跃进"时期正式开始。同年 7 月，陈伯达在《红旗》杂志发表文章，第一次用了"人民公社"这个概念，认为将原有的合作社转变为农业合作与工业合作的单位，本质上说是工农业相结合的人民公社[①]。同年 8 月，中共中央政治局扩大会议制定了《中共中央关于在农村建立人民公社问题的决议》，明确人民公社是社会主义最好的组织形式。自此，人民公社制度确立，直到 1984 年解体，这二十多年对乡村造成了巨大的影响。人民公社的特点，表现在"一大、二公、三化"上，"大"指规模化，把成百上千户规

---

① 赵泽雄：《人民公社的缘起及其失败的原因探析》，《中国市场》2020 年第 3 期，第 18—19 页。

模的高级社整合成几千几万户的人民公社；"公"指一切财产全部归公，消灭一切资本主义的残余；"三化"指组织军事化、行动战斗化、生活集体化，劳动力由公社统一调度。对人民公社的一般分析认为，生产关系没有适应生产力发展的要求，把共产主义阶段的治理模式错误匹配在社会主义的初级阶段了，因而极大地抑制了乡村生产力的发展。

以上从三个方面对城乡二元结构的形成的巩固进行简要的回顾，这些方面彼此互相促进，共同推进了城乡二元分割局面的形成。这个过程，也是贫困的形成过程。这是国家以重工业为导向的工业化战略的必然结果，具有很大的不可抗力，但这一战略在执行中的诸多偏颇，在今天看来却是可以避免的。实际上，这种偏颇，不仅极大地损害了农民的利益，也延缓了我国工业化战略目标的实现。今天，城乡二元分割的局面在工业化已经进入新阶段，在城乡统筹发展成为国策的情况下得到了一定的改善，但道路仍然漫长。2020年是精准扶贫的收官之年，但是要使扶贫成果得到长期的巩固，则必须在根本上打破城乡分割的二元局面。

▲

# 第 二 节
## 地方政府"公司主义"与"三农"问题深化

1978 年之前的工业化道路对农村形成了过度的剥夺，而使农村的生命进入奄奄一息的状态。尽管形成了相对完整的工业体系，但整体国民经济却受到了严重的创伤。事实证明，跛足式的发展道路注定是走不远的。为了摆脱国民经济和社会的系统性危机，对内进行市场化改革和对外开放成了决策者的不二选择。首先是农民重新获得了土地，并且从人民公社的制度约束下摆脱出来，像新中国成立初期一样，农民似乎是重新做了一回主人，其生产积极性因而得到了极大的释放，粮食产量迅猛增加，不少地方甚至出现了卖粮难的问题。同时随着农业技术的进步和良种的推广，农村的富余劳动力逐年增加，恰在此时，乡镇企业异军突起，就近解决了这些富余劳动力，一部分农民成了兼业农民，亦工亦农，农民现金收益增加。可以说，整个 20 世纪 80 年代都是"三农"的春天，特别是连续五年的中央一号文件，对农村改革起到了非常积极的推动作用。但有利于农村发展的政策红利在快速推进的工业化和市场化进程中很快消散，20世纪90年代以来，一些地方政府出现"公司主义"倾向，"三农"问题凸显出来。

## 一、地方政府"公司主义"

改革开放后，尽管国家对过去以重工业为主的工业化战略进行了纠偏，农业和轻工业的发展开始受到重视，与重工业一起形成三驾马车平衡前进的局面。但随着1993年社会主义市场经济地位的确立，市场化进程和对外开放的速度骤然加快，外资利用额度也大幅度增加，如此必然带动工业化和城市化的进程，地方政府成了这一系列进程的主要推动者。如果说1980—1993年的各类"财政包干制"使地方政府成为利益主体，从而促进了它们发展经济的积极性的话，那么1994年分税制改革则赋予了地方政府独立的财政主体地位，进一步强化了地方政府追求经济发展的动力，其市场主体地位进一步增强，一些地方政府进而成为与国企、私企、个体工商户、外企等市场主体同台竞争的"公司"，官员成了董事会成员，在市场中呼风唤雨。政府的公司主义，一方面促进了我国经济的快速增长，另一方面也给国家的可持续发展带来了巨大的不确定性。具体而言，这种不确定性表现在以下几个方面：一是政府以赚钱为目的，一切资源的运用都围绕市场展开，缺少足够的力量服务其本业，即为社会提供公共产品，而留下大量的社会欠账，同时也扭曲了市场秩序，将土地、资源、环境、利率、劳动力、社会保障、劳动保护等全方位的要素资源价格全面压低，形成成本优势，换取一时的经济增长。二是地方政府过度依赖土地财政，一方面侵犯农民权益，加剧社会冲突；另一方面拉高房地产价格，降低社会福利。三是地方债务猛增，成为我国经济发展的最大变数之一。四是干部腐化严重，社会风气败坏。

## 二、"三农"问题深化

政府公司主义的结果如上所述，在短期内刺激了经济增长，但也埋下了不可持续发展的隐患，其中之一的表现就是使"三农"问题进一步深化。实际上，分税制改革使县以下的基层政权财政压力陡增，过去财政包干制下形成的"七所八站"① 等数量庞大的吃公家饭的人得自力更生了。沿海和大城市周边等区位优势明显的地区通过招商引资、征地开发工业园区、发展房地产等解决大家的吃饭问题，大部分地方缺少发展工业的条件，伸手向内索取成为其必然的选项。这个"内"就是"三农"。所以分税制后，基层政权巧立名目，农民税费负担空前沉重，干群矛盾加剧，全国群体性事件呈爆发式增长。据 1998 年湖南师范大学哲学与社会沙龙学生社团对平江县的调查，农民人均国税 73.9 元，地税 102 元，此外还有生猪屠宰税每头 10 元，人均卫生防疫费 10 元，公路费 10 元，教育附加 10 元，上交优扶军烈属 10 元，上交大队干部 10 元，农业税每亩 30 元，上交组上平衡工每人 20 元，抽水电费人均 10 元，报

---

① 指的是县市区及上级部门在乡村的派出机构。

刊 1 元，养老扶贫 2 元，民兵训练 1 元，林业税 1 元。[1] 2003 年"三农"问题成为全党工作的重中之重，2005 年新农村建设和两个"反哺"政策出台，此后是美丽乡村建设、精准扶贫和乡村振兴战略。不管是 2003 年之前对"三农"的过度剥夺，还是之后不断的政策利好，在工业化和城市化的双轮驱动下，"三农"问题实际上是越来越深化的，尽管在局部领域或地域有所改善，比如乡村贫困人口的减少，若干乡村更具活力，但总体上却不容乐观。具体可以从以下几个方面进行简要概述。

## （一）农业的可持续性问题不断深化

工业化农业大行其道是农业可持续性问题深化的主要原因。工业化农业的特点包括以下几个方面：一是规模化，追求规模效应，以美国的大农场大农业为效仿对象；二是塑料化，遍地扣大棚，反季节种植，据《第三次全国农业普查报告》，我国的温室大棚使用量占了世界的 50%；三是单一化，大面积种植一种作物，不少地方是整个县都种同一种作物；四是集约化，主要体现在养殖行业，以工厂方式进行养殖；五是化学化，因为前面的"四化"必然要通过化学化来支撑，所以化肥、农药、除草剂、抗生素、饲料、塑料被大量使用，造成巨大的农业面源污染。

## （二）农村共同体面临解体

市场主义对农村的影响是全方位的，其中之一就是对农村互助

---

[1] 刘老石（刘相波）：《老石文存》，《梁漱溟乡村建设中心内刊》2011 年第 5 期。

共同体的消解。我国农村大多历经了成百上千年，有着超稳态的互助结构，具有共同体的显著特征，这也是我国农村在种种战乱饥荒的变数下，大多能绵延传承下来的道理。但这种互助结构在市场化进程中却土崩瓦解，其原因可以从以下几个方面加以分析：一是货币资本对互助资本的替代，村社内部原来的互助行为开始以金钱来计算；二是村庄与外部的市场行为增加，包括农业的工业化，村社的货币需求量增加；三是原来自足的经济系统被瓦解，农民的经济依赖度增强；四是市场文化长驱直入，与人们固有的自私心结合而深入人心，适者生存的逻辑从而代替了互助逻辑；五是农村进城人口大量增加，城市文化中的负面部分被带回农村。这些方面的共同作用，使农村这个昔日共同体面临解体，而"村将不村"。此外还有前面提到的大量农村消失。

### （三）农民的精神日趋萎靡

新中国成立以来，在城乡二元结构的背景下，农民一直是相对弱势的存在。如果说前三十年这种存在是政策安排的结果，改革开放至今农民的这一弱势地位则受市场这只看不见的手所决定。实际上，在市场化进程中，随着农村经济体性和社会互助性的进一步丧失，农民的依附地位进一步增强。可叹的是，这种依附性已经从经济延伸到了精神，农民的精神日趋萎靡。具体表现在以下几个方面：一是自私自利之心有时候比城里人更加强大，因为缺少了共同体文化的约束，而生存压力又比城里人大；二是一心只向钱看，以金钱作为衡量是非的标准；三是大部分业余时间被打麻将等赌博性质的活动挤占，缺少必要的精神生活；四是农业生产大量使用农药、化肥、除草剂、抗生素等，意识层面已经不再有保护自然和别人的概念；五是公共意识淡漠，不仅对国事、天下事缺少关心，对本地方的公共事业也是事不关己。

综上，"三农"问题深化的根本原因在于市场文化对乡土文化的替代，当然，文化背后的经济替代可能是更根本的，农村的传统经济模式在市场主义的环境下缺少比较优势，自然只能是被逐出市场。但是从可持续的角度考虑，农村传统的经济和文化恰恰是能够使我们走向更远的未来的。

▲

## 第 三 节
## 城市发展中的农民工问题

改革开放后的工业化进程，对劳动力的需求是逐步提高的。20 世纪 80 年代的农村富余劳动力主要在就近的乡镇企业上班，进城打工的人很少。但随着 20 世纪 90 年代初乡镇企业的萎缩，沿海地区对外资（含港澳台）利用的大幅增加，农村富余劳动力开始涌向沿海的工业园区和建筑工地，"民工潮"成为当时的热点词。从开始的几百万上千万人，到今天的 3 亿人；从一开始集中在沿海的城市，到今天分布在全国的各大城市，每一个工厂、每一栋建筑、每一条流水线都留下了农民工艰辛的身影，可以说是农民工扛起了中国的现代化大厦。有学者指出，改革开放后，农民工创造的剩余价值超过了 10 万亿元。以下分别从身份歧视、薪酬与工作时间、社会保障和消费四个层面对我国城市发展中的农民工问题进行简要的探讨。

## 一、身份歧视问题

如前所述，1957 年中央出台了《关于劝止农民盲目流入城市的指示》，限制农民流入城市，"盲流"一词因之而起。1982 年，国务院颁布了《城市流浪乞讨人员收容遣送办法》，1991 年对于该法规又作出修改，将收容对象从原来的"乞讨者和其他露宿街头生活无着落者"扩大为"无合法证件、无固定住所、无稳定经济来源"的所谓"三无"人员。据统计，在收容法因"孙志刚事件"被取消前，仅广州一市每年收容的人数就多达 10 万人。实际上，自新中国成立以来，从农村进入城市的农民，其称谓就包括了"盲流"、"三无"人员、"外来务工人员"、"流动人员"、"外来工"、"外来妹"、"农民工"等，这些字眼都具有很大的身份歧视。以"三无"人员为例，他们在城市里，不管是在工作场所，还是在住处，或者在路上走着，都随时有被送进收容所的危险，因为执法者对"三无"可以随意解释，而且因为各种证件办理烦琐，很多人无法做到"五证齐全"，即使五证在手，也不可能随时带在身上。一旦被送进收容所，则面临各种的剥夺和凌辱，这一点，从孙志刚的遭遇就可见一斑。虽然现在相关法律已经废止，但农民工这个身份在城市仍然还是处在弱势地位，其在城市工作生活中的权利和市民相比仍有很大的提升空间。

## 二、薪酬偏低与工作时间过长问题

"不得不加班"，这是农民工薪酬过低的真实反映。所以说薪酬低与工作时间长是一个硬币的两面，农民工只有通过加班才能获得足够维持其在城市的最基本生活的薪酬。他们中不少人每天工作超过12小时，所得也仅够其在城市维持一般的生活水平。他们抛妻别子到异乡打工，有不少人几年都不回家，因为心疼回家的路费，路费节省下来要供老家的孩子上学。即使是在这么一个工作条件下，农民工还常常受拖欠和克扣工资之苦，特别是建筑类的农民工。由于工作时间过长，农民工普遍没有自己的闲暇时间，更没有自己的"充电"时间，他们在流水线上消耗自己的青春，却无法同时获得在未来立足的知识和技能，当青春饭吃完，一切又得重新开始。特别是一些在高危行业工作的农民工，他们年轻力壮时的加班加点，换来的是若干年后的各种职业病，以及各种残疾，其打拼多年的积蓄全部变成了医药费。

### 三、社会保障不足问题

"让农民工在城市安居乐业"，这是不少地方政府的口号。但真正能够有城市归属感的农民工可谓凤毛麟角，其主要原因在于农民工在城市没有自己的住房，大部分租住在城中村狭小的房子里，并且即使展望五十年以后，也不可能有积蓄在城里买得起房。住房是最基本的社会保障，此外还有教育、医疗、保险、就业等。最近几年农民工子女的教育问题在一些地方有了着落，可以上公立学校了，但还是有不少农民工子女上不了公立学校。此外，农民工居住的城中村，也缺少包括图书馆、青少年宫、文化馆等在内的公共设施，治理混乱，是城市犯罪的高发地，农民工及其子女的人身保障在某种程度上都成问题，其他社会保障就更不用说了。

## 四、消费问题

与第一、二代农民工尚有乡土文化的熏陶而呈现出一定的消费理性不同，年青一代的农民工，由于其从小就在城市文化的包围之中，其消费行为已和城里的年轻人没有差别，追求时尚和品位。比如对苹果手机的追求，每当新的款式出来时，尽管他们囊中羞涩，也要借钱去买。加之银行各种信用卡办理方便，新生代农民工寅吃卯粮的消费行为更加突出。第一、二代农民工省吃俭用，每年汇回农村的积蓄减缓了乡村衰亡的步伐，但新生代农民工在城市甚至养活不了自己，不少人还得要农村的父母寄钱出来才能过活，这种状况实在令人担忧。

在城市发展中的农民工问题虽然随着社会的进步正在逐步得到改善，但如消费等隐性问题正在引发新的社会问题，需要予以足够的重视。在乡村经济的主要组成部分是打工经济的今天，特别是中西部农村劳动力绝对流出区域，也是我国扶贫战略实施的难点区域，这些地方的青壮年劳动力大部分到了城市成为流水线或建筑工地的工人，他们的收入状况直接决定了其家乡的贫困状况。

## 第 四 节

## 消费社会与人的异化

"大量地生产，大量地消费"，这是现代性给定的社会进步的逻辑，是资本无限增值的密码。在这中间加上技术、人才等燃料，由生产和消费构成的发动机就能推动现代化大车快速地、持久地往前奔驰，假以时日，人们就能顺畅地进入必然王国。在这样的对美好社会的憧憬里，这个世界很快进入消费社会，人们对物质的无止境的需要，成为这个社会向前发展的不竭的动能，消费成了人生的全部意义。但在这看似自洽的逻辑里，却存在着极大的风险，因为这个逻辑把负外部性这个关键点给忽略掉了。由于这种忽略，现代化这辆大车随时都有可能抛锚和坠毁。这一负外部性可以从两个方面来说，一方面是对自然生态的破坏，另一方面是对人文生态的破坏。实际上，这两个方面的破坏，在今天已显现出恶果，全球气候变暖和全球范围内的不平等引发的各种战争是其表现之一。本文从人的异化角度对这一逻辑进行检讨，因为人的异化是人文生态破坏的最重要的体现。

## 一、异化理论的发展

马克思较早提出了"异化"的概念，包括劳动异化、人与人的关系异化等方面，指出在资本主义私有制度下，劳动者与劳动产品、劳动活动本身相分离，进而造成人的关系异化。马克思同时指出了劳动者与其类本质相异化的问题，劳动者在劳动中不断否定和怀疑自己，但他没有进一步阐述人自身的异化问题。卢卡奇在《历史与阶级意识》中提出"物化"的概念，他除了指出在资本主义商品拜物教中，人与人的关系被物与物的关系替代外，还指出人本身的物化问题，不管是资本家，还是劳动者，都处在物化这一特定意识形态的捆绑中，"每一个人都在异化中"①，是资本主义商品经济发展的必然结果。在这个层面上，卢卡奇的物化理论是对马克思异化理论的发展。在《单向度的人》中，马尔库塞进一步发展了卢卡奇的物化理论，指出人的主体性丧失使其成为资本的奴隶，使其在生产、消费等各个环节异化于资本，成为精神受到根本摧毁的单向度的人。马尔库塞重点从消费异化这个角度对人的异化进行分析，提出了"虚假消费"的概念，人们为了消费而消费，在消费中麻醉自己，在消费中寻找归属感，这种消费行为的"异化"，进一步使人丧失主体性和独立性而越发"异化"。生态社会主义者把人与自然的关系纳入异化理论中加以考察，认为人异化于商品进而使

①　[匈牙利] 卢卡奇：《历史与阶级意识》，商务印书馆1999年版。

人异化于自然，这是造成当前生态危机的主要原因。在今天的信息社会，人的异化问题进一步凸显出来，有研究者认为信息技术动摇了人的主体地位，加深了劳动时间和非劳动时间中的剥削，"'监控社会'和'信息茧房'限制了人的自由全面发展"①。人异化于信息，这是异化理论在今天面临的新问题。

## 二、消费社会与乡村异化

如前所述，消费社会的形成是现代性发展的必然结果。改革开放后，在急切地拥抱现代性过程中，不管是城市还是农村，都很快步入市场给定的消费逻辑里。从积极的方面说，现代性的发展创造了丰富的物质基础，大大提高了人们的生活水平，消费水准自然就水涨船高；从消极的方面说，物质的极大丰富是建立在严重的负外部性基础上的，人们无止境的消费行为进一步加剧了这种负外部性。就乡村而言，这种负外部性表现更加明显。这可以从以下几个方面来进行简要的分析：一是资本的内在逻辑决定了当它取得社会的领导权时，必然要在社会的各个领域实施有利于它不断增值的控制，其中消费市场是一个根本性的领域。但消费行为又是一个很能体现人的主体性的行为——我想买就买，不想买谁也别想强迫我。但资本有的是办法，它通过其控制的文化资源，包括传媒、广告，甚至教育，对人们的这种消费主体性进行侵蚀，久而久之，在人们的意识层面就接受了资本给定的逻辑，成为奴隶式的消费者。可怕

---

① 李研、韩志伟：《论信息社会人的异化——基于马克思社会时间理论的一种系统分析》，《系统科学学报》2020 年第 3 期，第 60—64 页。

的是，人们仍然会认为是否消费、消费什么与资本的侵蚀无关，是自己独立自主的选择，没有人能左右自己。能使人做了奴隶而不自知，资本玩转社会的能力确实是没的说的。此外，资本还会利用其控制的政治资源来达到相应的目的，这是更关键的问题。二是乡村自古以来就处在一种半自给自足的社会形态里，农民的日常需要基本可以在方圆十几公里的半径内得到解决，同时相对艰难的生产生活条件养成了农民节俭持家的美德，所谓"缝缝补补又三年"，一方面是物资匮乏，另一方面也说明农民的消费观念中是反对浪费的，这种观念在今天物质丰裕的时代，乡村的老人仍然坚守着。但随着市场观念的深入人心，市场经济在乡村得到了蓬勃的发展，乡村的自足性也受到了根本的消解，人们的消费观念也发生了天翻地覆的变化，俭朴不再成为人们推崇的美德，人们对锦衣玉食等大手大脚的消费投以艳羡的目光。乡村在整体上已经和城市一样，完全臣服在了消费资本的淫威之下。三是乡村的价值系统在消费社会全面瓦解，乡土文化逐渐被资本文化替代，互助经济被互争经济替代，农民和资本主义社会中的工人一样，异化于自己的劳动产品和劳动过程，无法在农事劳动中获得尊严感，农民与农民之间的关系也被异化为物与物的关系，农民之间的工具性交往在很大程度上替代了情感性交往，农民也呈现出马尔库塞所说的"单向度"特征。


## 三、农民异化问题

农民在消费社会越来越呈现出"单向度"特征，这是乡村异化的结果和原因。乡村异化推动着农民的异化进程，农民异化则进一步加剧了乡村的异化。上面我们已简要探讨了乡村经济文化等各个层面受资本把控而异化于资本的问题，下面我们对农民异化问题进行粗略的分析。

一是农民在生产过程中对道德观念的抛弃，不再关心生产过程对环境造成的损害问题，也不关心食品污染对他者的损害问题。这固然是因为农民受资本农业的蛊惑以及农民在市场中的弱势地位，有很多不得已的缘由，甚至是遭受不可抗力，但作为有着几千年农业文明传承的一个个主体，在没有进行任何抵抗的情况下就缴械投降，仍然是令人悲愤的，特别是在明知有害的情况下仍然大力发展污染农业，就更不可原谅了。周立用"一家两制"这个概念来分析今天农民在生产中的利己损他行为，农民种养供给自家吃的粮食、蔬菜和肉类，农药、化肥、饲料和抗生素施用量就很少，要卖出去的粮食，就毫无节制地打农药，用抗生素。

二是农民在生活中的物质主义。当金钱成为衡量一切的标准，农民在生活的各个层面必然陷入物质主义的泥潭。包括在人与人的交往中，物质利益成为主要的考量；在盖房、红白喜事等方面，攀比之风盛行，农民娶亲的成本越来越高；在教育后代方面，也往往是以赚钱和实用作为指针，引导孩子去追求物质的满足；在尊敬长辈方面，很多好的传统已消散，敬老爱老之风被物质的算计替代；在消费方面，过于追求感官的享受。

三是农民的精神生活随着经济改善而更加空虚。其表现包括农村六合彩屡禁不绝、赌博之风盛行，农民业余时间就是打牌打麻将，鲜有精神性的生活，几乎没有阅读，祭祖敬神等活动也越来越流于形式，很少能在人心里引起共鸣，进而约束人们日常的行为。

## 四、自然生态异化问题

在漫长的人类历史中，人与自然的关系是一个永恒的命题，古人用"天人合一"来表达朴素的生态理想和人生追求。在技术能力尚未使人类自高自大的年代，人类对自然是常存敬畏之心的，但随着技术能力的提升，人类征服自然的欲望和能力越来越强，并最终站在了自然的对立面，对自然横加掠夺。工业革命以来的两三百年时间里，人类似乎胜利了，自然献出了丰富的矿藏、森林、土地、海洋、动物、空气和水，供给人类满足其无尽的物质需要。没有人听到自然的哭泣，没有人注意到自然在人类物欲的侵蚀下已渐趋异化。我们把因人的异化导致的自然异化称为自然生态异化。自然生态异化在今天已经成为人类能否在地球上持久地生存下去的最大变数，其表现包括以下几个方面：一是自然灾害的发生频率越来越频繁，而且灾害的波及面和损害程度也越来越大，生态灾民的数量每年都在提高；二是人类因资源争夺开展的战争在逐步升级，受战争威胁的人类数量越来越多；三是因人类生产和消费行为引起的疫病种类在逐步增多，病毒传播面越来越广，越来越难以控制；四是生物多样性的丧失速度越来越快，每天都有几百种动植物灭绝；五是极端天气对农业生产的影响越来越大，粮食安全问题成为人类必须面对的严峻问题。

人类在异化之路上仍然义无反顾地奔跑着，有一些人看到了前面的悬崖，他们试图阻止或减缓人们奔跑的步伐，但人类对物质满足的巨大需求淹没了他们的声音。马克思以"人的解放"作为终极目标，试图通过社会主义的相关制度安排化解人的异化危机。法兰克福学派和生态社会主义者寄希望于资本主义社会的自我改良，使人类摆脱劳动异化、消费异化和生产异化的恶性循环。但历史发展到今天，人类正向的努力赶不上反向的破坏，人类摆脱异化的道路仍然漫长。从精准扶贫的角度来说，乡村异化是贫困的结果也是原因，是贫困旋涡的中心点，它使人与自然、人与人、人与自己这三大关系受到破坏，因而破坏了乡村社会长期形成的互助系统，使乡村的贫困问题外部化，乡村失去了化解其内部问题的能力。

## 第 五 节

## 到农村去：知识分子的主体性表达

　　如前所述，"三农"问题在 20 世纪 90 年代中后期愈加严重起来，全国群体性事件不断增加，农民不断上访，在北京甚至形成了上访村。温铁军 1996 年在《战略与管理》上发表文章，率先提出了"三农"问题这个概念，一部分知识分子开始关注越来越严峻的"三农"形势，相关媒体也开始跟进，一些探讨"三农"问题的学术性网站也建立起来，更有一些学者身体力行，到农村基层一线展开调查。张晓山和温铁军则于 1999 年开始发起支持大学生利用寒暑假返乡调研的活动。与此同时，民国年间的乡村建设运动进入大家的视野，一些年轻的知识分子开始不再满足于纯粹的调查和研究，承续民国年间知识分子的乡村建设精神开展新时期的乡村建设实践工作成为这些年轻知识分子的努力方向。2002 年《中国改革（农村版）》创刊，大学生返乡调研项目依托该刊得到进一步深化，一些为村庄公共利益到北京上访的农民返回家乡成为该刊的通讯员，到农村宣讲中央的惠农政策和相关法律。新时期知识分子与农民的结合正在迎来一个新的开端。

## 一、大学生支农调研

知识分子与工农结合，是共产党带领中国革命走向胜利的一大法宝，也是建设新中国的重要经验。但随着市场经济的深入，知识分子与群众的关系也变得若即若离起来，到 20 世纪 90 年代以后，更是变成了"两张皮"，知识分子尽管不能说走向了"三农"的对立面，但确实已从土地上连根拔起。作为准知识分子的年轻大学生，其虽然有像榕树的新枝一样努力向下扎根的愿望，但奈何他们的老师已主动断开与土地的连接，所以也只能在围墙里风花雪月。但围墙怎么能阻止渴望生命的心呢？对于那些有社会情怀的大学生来说，一旦有机会看到围墙外的广阔世界，他们就要义无反顾冲出去。1997 年，还在湖南师范大学读研究生的刘相波就开始在学校组织"哲学与现实沙龙"，带领沙龙成员深入湖南乡村开展调研工作。1998 年，刘相波到天津科技大学担任老师，指导学生发起并成立了新希望农村发展促进会，并带领学生利用假期到全国各地农村开展调研，宣传村民委员会组织法，协助农民维护自己的权益，与村民探讨村庄经济、社会发展、支教扶贫等相关问题。此后，中国农业大学、北京师范大学等高校也相继成立了相应的学生社团。2001 年年底，刘相波以志愿者的身份参与《中国改革（农村版）》的创办，他将其在天津科技大学组织学生下乡支农的做法带到"农村版"，以此为平台，开始推动全国各地的大学生建立涉农类的学生社团，利用各种假期下乡支农。到 2003 年，全国已有 200 多所高校成立了相应的社团，大学生下乡支农一时蔚然成风。2005 年梁漱溟乡村建设中心成立，大学生支农调研项目开始由该中心负责推动；2006 年该中心发起大学生休学一年到农村去的农村发展人才培养计划，大学生支农调研项目得到进一步深化，这一计划为新乡村建设运动的开展储备了大量的常态化人才。

## 二、翟城试验

如果说大学生参与支农调研是准知识分子塑造自我的主体性表达，那么 2003 年开始的翟城试验则是知识分子与准知识分子结合在一起的共同主体性表达。在历史上的乡村建设前辈的感召下，同样是依托《中国改革（农村版）》这个平台，2002 年开始举办乡村建设论坛，对历史和现实的"三农"问题展开各种探讨，在北京的大学生和各类知识分子积极参与。与此同时，工合国际委员会依托其在中国社科院的专家资源和加拿大合作社协会的资金，也开始了农民合作社骨干的培训。在多次论坛的基础上，一部分知识分子开始起而行之，希望能在与农民的共同生活中发现解决"三农"问题的道路。于是，诸多因素的因缘巧合，翟城试验在当年晏阳初开始"定县试验"的翟城村开始了，培训机构设在该村一所废弃的中学里。根据当时媒体的报道，他们说"知识分子重新回到了农民身边"。培训机构是由北京的几家民办非企业机构与翟城村民委员会合作建立的，在七位理事中，来自翟城村的占了三位。培训机构的主要工作包括以下几个方面：一是面向全国各地的农民培养合作社骨干人才；二是在校内的二三十亩耕地上试验生态种植方法，发展"六位一体"的立体循环农业；三是在校园内试验生态建筑，培养生态建筑人才；四是开展乡村建设交流，促进国际国内学者和实践者的对话，同时展开"三农"领域的相关研究；五是以翟城村为对象，开展新时期乡村建设的试验工作，包括经济、文化、教育、医疗等多个方面。

## 三、乡村建设试验区

翟城试验区以一个村庄为半径开展综合性的乡村建设试验，此后，在试验区直接或间接带动下，全国各地纷纷设立了不同的乡村建设试验区。这些试验区有些是在翟城接受过培训的学员回去创立的；有些是翟城的工作人员在社会主义新农村建设成为国家方针后应地方政府邀请去成立的；也有些是在翟城试验之前就已进行了多年的农民组织化工作，后来在与翟城的交流互动中逐步成为试验区；还有若干是高校老师到地方挂职后接触乡村建设理念从而推动的试验区。这些试验区从规模上来说有大有小，有的是县域半径范围的，有的是乡镇半径的，更多的是村庄半径的；从试验内容来说，也是各有侧重，大多以农民组织化建设为主要抓手，也有以文化教育为主要抓手的，从其呈现的方面看，则基本都包含了乡村经济、文化、环境等各个方面，当然，这些抓手随着时间的推移而有所变化；从时间上来说，有些试验区仅维持了一两年，有些则发展至今；从效果上来说，也是各有千秋，有的为农民带来了持续的社会和经济效益，村庄凝聚力得到了较大的提升，有的则在最初的热闹后不了了之，村庄波澜不惊；从参与者来看，有的最初由村庄知识分子发起带动，外部知识分子逐步介入辅导，最后农民成为主体，有的是当地政府主导，外部知识分子介入辅导，最后仍然还是政府主导，导致农民缺位，有的纯由农民自己发起并主导，有的是外部知识分子发起带动，农民和当地政府逐步跟进，有的则是纯由外部知识分子在自己的一亩三分地上耕耘，与当地农民和政府都没有关系，不过本研究不把这一部分纳入乡村建设试验区范畴。

新乡村建设的序曲自此徐徐展开，知识分子最初在其中扮演着倡导者的角色，之后则更进一步，参与到一线实践工作中，生活在农民中间，与农民一同悲喜，扎根在大地上探索"三农"问题的出路。这些知识分子的主体性表达，与这个时代大多数知识分子的集体沉沦形成对照，仿佛是黑暗世界里的一束亮光。但现实仍然是残酷的，少数知识分子的努力就像一颗小石子投在湖里，激起的微澜过后，湖面复归沉寂。我们希望更多知识分子的主体性表达可以形成接连不断的小石子，打破这个社会对乡村的漠然，让乡村一个个鲜活的生命更有尊严，同时也反过来使更多的知识分子变得更有尊严。

## 第三章

新乡村建设的
展开与现实矛盾

# 引 言

　　新乡村建设工作围绕乡村可持续发展逐步展开，涉及乡村教育、合作经济、生态农业、文化发展等多个方面。新乡村建设通过发展合作经济提升乡村的经济主体性，通过发展合作文化提升乡村的互助性，通过开展在地化的教育培养更多服务当地经济文化发展的人才，通过推动生态农业改善人与土地和自然的关系。

　　新乡村建设工作推动合作经济发展，其具体表现是协助农民组建合作社，促进他们在经济上组织起来。

　　当我们在探讨精准扶贫如何与乡村振兴实现有效衔接时，新乡村建设近二十年来的努力无疑是值得借鉴的。实际上，新乡村建设的努力可以说正是在振兴乡村使乡村实现可持续发展中去消除乡村的贫困问题的，其消除的不仅仅是乡村物质上的贫困，同时也消除乡村的精神贫困，而其通过生态农业的倡导和实践，也可以说在消除乡村的生态贫困。新乡村建设着眼的是乡村贫困的整体，在这整体中去看到每一个贫困者的需要，并将这种需要纳入整体中来谋求解决。

▲

# 第 一 节
## 教育的异化与乡村建设人才培养

在新乡村建设的缘起部分，我们简单探讨了大学生支农调研项目的情况，指出大学生到农村去是其主体性表达的体现。这些大学生到农村去，是通过支农支教等活动，了解中国的现实问题，在广阔的天地里"塑造自我"。随着工业化、城市化步伐的加快，原有适应农业社会特点的教育系统转而开始去适应工业时代的需要，教育的多样性和灵活性逐步被单一性和标准化取代，培养更多的"工业人"成为主要目标。20 世纪 90 年代，当整个教育系统都在为"工业人"的培养目标服务时，为"三农"建设服务的"三农"人的培养就成为一个重要的问题。所以当新乡村建设启动时，在现有教育系统无法满足乡村建设人才培养需要的情况下，如何培养更多适应乡村建设的人才的问题就摆在了新乡村建设推动者的面前。从最初的在大学校园内组织读书沙龙、相关学生社团，到开展全国性的大学生支农调研培训、农村发展人才计划、校内班计划，再到在大学内建立乡村建设学院，可以说都是在教育工业化的背景下，试图摆脱教育异化、开展乡村建设人才培养的一种努力。

## 一、教育的异化

我把教育在市场化改革进程中逐步失去其主体性而臣服于资本和权力的现实称为教育的异化。教育异化是对我们这个时代影响深远的事件，很少人能逃脱这一事件的影响，只要你身处这个教育系统内，就不可避免地被培养成马尔库塞所说的"单向度的人"。有一些坚强的人逃脱了，他们将带领这个时代走出迷惘。教育异化是如何形成的，有什么具体的表现，我们来进行简要的考察。

### （一）教育异化于工业

工业革命以来，为适应机器大生产的需要，教育的目标被锁定为为工厂流水线输送廉价的劳动力，这些劳动力要成为机器的一部分，要和机器一起思考，如果机器会思考的话，劳动力甚至成为机器的工具。劳动力的工具化，这是马克思所说劳动异化的一部分。开始是工业先发国家，大量的人被教育成机器，在国家内部成为流水线上的被剥夺者，在外部则成为掠夺者，没有人性地在世界范围内掳掠；而后是工业后发国家，一批批的人被教育成只有单一工业思维的"工业人"，他们是流水线上和写字楼里的被剥夺者，也是农业的剥夺者。教育异化于工业的主要特点，就是剥夺多样性的人的存在，使之成为单一的工具性的存在。人之作为工具，失去了人之为人的荣耀，成为奴隶或奴隶主，工业化教育在其中扮演了主要角色。工业化教育的特征包括以下几个方面：一是知识的单一性，工业化知识成为学校教育的独一知识；二是教育考核的单一性，智力分数成为唯一的标准；三是教学形式的单一性，灌输式教学一以贯之；四是师生关系的单一性，老师教、学生学天经地义，教学不相长；五是一切标准化，答案标准化、坐姿标准化、微笑标准化，等等。

## （二）教育异化于城市

"去乡土"是这几十年来教育发展的一个主要特征，与此相对应的，就是"城市为本"的教育成为主流，我们可以把这种教育称为"城本主义"的教育。这与工业化进程中需要同步推进城市化的路径是一致的，教育同时必须满足城市建设的需要。城市都一样，但乡村却各有各的不同，这种教育运用于乡村，剥夺了丰富的地方性，乡村原本多样性的教育资源无法作用于教育，这种教育也就无法作用于乡村。乡村教育城市化的结果：一方面使更多的乡村子女离开乡村，成为城市工业系统的一部分；另一方面也使留在乡村务农的子女学非所用，同时增加了他们对乡村的疏离感。和乡村金融一样，乡村教育也成了一部抽水机，源源不断从乡村抽取人才到城市，破坏了乡村的最基础的生命力，使乡村发展陷入后继无人的境况。"城本主义"的教育对乡村的祸害是长远性的，除了上述的使乡村无才可用外，更根本的，是对乡土文化近乎毁灭性的冲击，包括文化自信的丧失、方言的丧失、道德水准的下降等。

## （三）教育异化于市场

教育产业化随着市场化改革的深化而于 20 世纪 90 年代中后期逐步成为国策，教育从此进入加速异化的轨道。教育作为一种社会的公共品，其目标乃是促进人的全面发展，但产业化的目标是把教育作为工业时代的商品在市场待价而沽。为了追求利益最大化，批量生产和标准化就成为产业化教育的目标，工厂流水线的作业模式成为实现这些目标的最佳手段，学校成了生产人这种商品的流水线，大学更是成了职业培训机构，人作为工具存在而被教育。正如马尔库塞所说，借由这种培训形成的能力把"人格"变成了实现目的的手段，使人作为工具——可以迅速被其他同类的工具取代——而存在得到了延续①。市场对教育的异化，其特征可以从以下几个方面来加以简要分析：一是人的丰富性被专业性替代，现代工业高度分化的专业需求需要与之相适应的专业化的人力资源供应，人于是被设定在了专业的培养目标上，使其能在心理和生理上适应要完成的专业化的工作；二是教育的多样性被标准化替代，这种多样性包括知识的多样性、教学形式的多样性等，但这种多样性是不符合学校流水线生产对标准化的要求的，只能被牺牲掉，一切为标准化的产品生产让路；三是教育的完整性被碎片化替代，这种完整性包括更综合的知识系统、更健全的人格、更丰富的感情、更强健的身体，等等，但这种完整性是目光短浅的现代市场主义教育认为不符合投入产出所追求的最大效益的，于是学生们被绑在了升学率这辆

---

① ［德］赫伯特·马尔库塞：《技术、战争与法西斯主义/马尔库塞文集第一卷》，高海清、冯波译，人民出版社 2019 年版。

车上，几乎全部时间被耗费在了片面的知识学习上，根本无暇顾及更根本的身心的全面成长；四是知识本身被市场的叫卖声污染了，甚至异化了，市场的实利主义和实用主义充斥校园，作为人类精神涵养地的学校蜕变成了物质主义的菜市场，教育的最基本功能——提升和丰富人们的精神层级——在市场的算计里被轻易抛弃。

## 二、乡村建设人才培养

学校教育培养了大量为工业和城市服务的人才，却没有培养为农村和农业服务的人才。很多面向农村培养人才的学校或专业不断萎缩，甚至干脆关门，即使在涉农专业顺利毕业了，也很少有学生能够用其所学为农村服务。当20世纪90年代中后期"三农"问题越来越严峻而新乡村建设运动开启时，我们就可以理解当时相应知识和人才的缺乏，用什么知识来培养新乡村建设需要的人才？谁来培养？到哪里去寻找愿意投身乡村建设的人才？尽管新乡村建设推动者最初并没有完整的计划，但在实际操作中，这些问题却始终成为一个困扰。因此，我们只能在各自力所能及的范围内营造一个教育回归的小势。对新乡村建设推动者来说，这个小势就是在正规的教育系统外着手乡村建设人才的培养。本文从时间轴上对这一教育回归的努力进行描述和简要的评述。

### （一）大学生支农调研人才培养

作为一种年轻的力，大学生始终是各种社会运动争取的力量。实际上，作为大学生，其本身的力也需要合适的空间予以发扬。社会需要和其自身需要的结合，使大学生的身影出现在自"五四"以来的各种社会运动中。新乡村建设运动的起始，就是大学生支农调研的具体实践。最初是温铁军、张晓山等学者有感于一些农村的大学生寒暑假没有多余的钱回家，乃发起鼓励这些大学生返乡调研的项目，以解决其回乡的路费问题。而后在刘相波（刘老石）等人的参与下，才使得这一项目得到了较为系统的推进，扩展为一个全国性涉及两三百所高校的项目。随着参与的大学生越来越多，其所在高校又无法满足他们下乡支农调研的相关知识学习，发起人遂开始谋划推进这些大学生的支农调研培训。当然，在此之前，作为发起人之一的刘相波在湖南读研期间和在天津科技大学当老师时，就已经通过沙龙等方式开展了大学生下乡调研的学习。但真正意义上全国性的大学生支农调研培训则是从 2003 年年初开始的。

2003 年 1 月，全国五十余所高校的大学生来到北京师范大学开始为期一周的理论培训。这次培训的组织方为中国经济体制改革杂志社大学生支农调研项目部、北京师范大学农民之子社团参与承办。五十余所高校的大学生分别来自其所在高校的涉农学生社团，这些社团名称各异，有马克思主义研究会、"三农"问题研究会、农村发展促进会、乡村教育促进会等；最北边的有从黑龙江来的，最南边的是从广东来的，当时还没有海南的学生社团，其中 1/3 来自北京各高校。课程分为两个部分，一周的理论学习，两周的下乡实践。理论学习在北师大进行，全员参加；实践学习则选在了河北定州和顺平，部分学员参与。理论学习部分主要围绕新时期"三农"问题的讨论展开，讲者包括温铁军、张晓山、刘相波、李昌平等；学习形式包括讲座、主题讨论两种。理论学习结束后，大部分学生回乡过春节，另有 17 所高校的 20 位大学生选择了继续进行实践学习，到河北定州翟城村过年，并直接影响了后来翟城村的乡建试验。此后这种全国性的培训每年举办，培训时间分别在寒暑假，并且各省也逐步开始了各自的培训工作。资料显示，2017 年暑期福建的大学生支农调研培训是福建开展的第 8 届，同期全国的培训则已经是第 19 届。各省的培训，其学员并不限于本省，也是来自全国各地，只是其实践地点在本省而已，当然，本省的大学生占多数，一般在 2/3 左右。从培训师资来看，也不都是本省的老师，有时候有些省大部分师资还是来自外地，比如 2017 年福建的培训，二十几位老师中，有 2/3 是来自北京、上海等其他地区的老师。从培训内容看，则是越来越多元化，2017 年福建的培训内容除了一般的"三农"理论和田野调研方法外，还涉及了文化批判、教育实践反思、社区营造实务、国学等方面。培训时长和方式则基本没有变化，仍然是一周的理论研讨，两周的实践学习。

在近二十年的时间里，新乡村建设运动培养了数以万计的年轻大学生，为他们打开了一扇广阔的"三农"视窗，激发了他们的乡土和家国情怀，使他们无论处在什么岗位，心里都能装着"三农"，为"三农"发声，甚至参与到具体的新乡村建设工作中。

## （二）校内班

假期时间毕竟有限，对于那些希望能更多地参与乡村建设工作的大学生来说，他们已无法满足于寒暑假时间的理论和实践学习，而是希望在大学校园学习期间也能够有相应的学习机会，以便能更加深入地理解和参与。同时，作为新乡村建设的推动者来说，也需要有针对性地培养年轻的工作梯队，以满足乡村建设对工作人员和志愿者的更多的需求。如此，便有了"校内班"的设计。"校内班"，顾名思义，就是办在学校内的乡村建设提高班。但这个班并不是以某个学校为单位的，而是以区域为单位的，是一定区域内多所大学对乡村建设有兴趣的大学生共同组成的班级，学员来自不同大学的不同专业、不同年级，人数通常在 30 人以内。校内班的学习形式也是理论研讨与实践学习并重，不同的是，他们不局限于寒暑假一起下乡学习，还会充分利用包括周末在内的各种空余时间进行学习。并且有专门的导师进行辅导，要求他们提交相应的论文。每期校内班学习时间为一年，集中在一起进行四次学习，分别是"五一""十一"和寒暑假。

## （三）人才计划

2006 年，新乡村建设推动者开始启动农村发展人才培养计划，最初主要针对在校大学生，鼓励他们休学一年直接到农村第一线进行为期一年的实践学习。该计划直接从大学生支农调研项目衍生而来，由刘相波主持的梁漱溟乡村建设中心主要执行，香港社区伙伴（PCD）给予项目上的资金支持，每期预算 20 个名额。这一计划到第三期以后，开始接受社会青年的报名，不再局限于在读大学生。这一计划的形成有两个主要原因：一是大学生经过支农调研活动对社会问题的认识进一步加深，对实践教育有了更多的需求；二是经过几年的新乡村建设工作，农村和工业区都有了可以容纳这些大学生的实践点，实践型的导师成长了起来。休学的大学生一年时间里会有四次约一个月的集中研讨，最初一次是去实践点之前，进行相关的理论学习和对实践点的基本了解，后面三次则是针对实践点的具体情况展开研讨，在一定程度上进行理论提升。经过一年以实践为主的学习，这些大学生大多毕业后会选择与乡村建设相关的工作，将之作为事业继续推动。

### （四）在地人才培养

新乡村建设的推动，大学生是一股不可忽视的力量，但真正的力量还是扎根在乡村的在地人才，如何培养和发挥在地人才的力量是新乡村建设人才建设的核心内容。新乡村建设推动之初，举办各种类型的研讨会，除了邀请各种学者、官员参加外，也邀请各地的农民朋友参加，传播乡村建设理念。这是一种间接的在地人才培养方式。在翟城村的试验开始以后，我们的乡建组织开始着手进行相对较为系统的在地人才培养。来自全国各地的农民朋友到学院接受为期一周到半个月的半工半读式培训，培训采取讲授、研讨、与实践相结合的方式，讲授者大多来自北京各高校，大家相对熟悉的温铁军、杨东平、张晓山、钱理群等都是学院的志愿讲师。但更为重要的还是学员之间的互动式学习，他们从不同地方带来各自的经验和困惑，在相互碰撞中产生新的认识。培训内容以合作经济组织建设为主线，同时也包括生态农业和生态建筑方面的学习。这些在地人才经过学习后，回到当地一般会开展具体的农民合作组织建设试点，这些试点一般也会成为大学生的社会实践点。乡建组织则会不定期到这些试点调研，针对合作社成员开展二次培训。

### （五）乡村振兴班

2018 年，在福建农林大学海峡乡村建设学院的推动下，福建农林大学开设了乡村振兴班，这是乡建系统首次利用体制内资源系统进行乡村建设人才培养的尝试。高中毕业考上福建农林大学的学生根据自己的兴趣再报考乡村振兴班，进行为期四年的本科学习。乡村振兴班的师资大部分来源于散布于全国各高校的乡村建设学者，这些学者参与过乡村建设的实践活动，有较强的社会情怀和国际视野，使学生能产生有益于乡村的影响。乡村振兴班同时强调实践和劳动教育，有40%的时间需要深入乡村进行调研实践，同时参与田间劳动。从课程设置来看，打破了过度专业化的情况，把乡村作为一个整体来看待，希望学生能把乡村作为一个系统来认知，所以课程涉及乡村的各个方面，包括乡土文化研究、乡村教育学、合作经济、乡村政治学、乡村金融学、乡村经济学、乡村社会学、乡村规划设计、乡村建筑美学、社区营造实务、生态教育学、乡村振兴理论与实务等。

以上从五个方面简要介绍了新乡村建设人才培养的情况，这些人才以大学生和农民骨干为主，培训内容则针对对象不同而有所区别，大学生侧重在对"三农"的认识上，农民骨干则侧重在组织力的培养上。这些经过培养的大学生和农民骨干成为新乡村建设的主要推动者和执行者。

▲

## 第 二 节
## 合作作为目的：农民合作组织建设的困境和希望

如前所述，在新乡村建设运动的启动之初，相关推动者就参加了工合国际委员会开展的合作经济组织培训，后来有了相关的乡建组织后，合作社的相关理论和具体操作成为主要培训内容，乡建组织的主要培养目标之一就是培养合作社带头人。实践层面的这种体现，其认识的基点在于农民的组织化程度过低，而使农民的各项权益特别是经济权益无法在市场主导的社会中获得保障。纵观百年农民合作的发展史，作为弱势者的农民在合作社组织过程中的主体性一直没有得到很好的体现，更多的是一种被动式的回应，尽管乡村社会的互助系统一直都很发达，但在面向外部势力的侵袭时，这种互助系统却变得不堪一击，无法进行有效的组织，不管是经济上还是文化上，都丧失了自主能力。新乡村建设推动者认识到中国乡村尚待开发的巨大的合作空间是乡村发展的重要潜力，如何更好地发扬这一潜力也就成了他们工作的重中之重。

## 一、百年中国乡村合作社发展简述

1844 年世界上第一家合作社公平先锋社在英国曼彻斯特的工业区成立，随着工人运动的蓬勃发展合作社在世界范围内发展起来，1895 年的国际合作社大会在公平先锋社拟定的原则基础上拟定出国际合作社原则。但合作社在中国的肇始，有史可查的是 1908—1914 年在河北定县翟城村成立的因利协社，由当地乡绅米迪刚会同其父亲米鉴三发起创办。此后推动合作社建设用力最多的当属华洋义赈会，他们以合作社为工具推动灾后乡村的重建工作。到民国乡村建设运动的时候，合作社这个概念在知识界已经深入人心，从事乡村建设工作的同志在考虑乡村经济发展时，一般都会协助农民组建合作社。中国共产党在苏区开展革命和社会主义改造工作，合作社是其重要的工作载体。新中国成立后，共产党延续其在苏区的工作经验，进一步推动农民的组织化工作，从互助组到初级社，再到高级社和人民公社，农民很快进入全面合作的快车道。但欲速则不达，合作社发展陷入低潮。2007 年《农民专业经济组织合作法》出台，规定农民只能在某个专业领域展开合作，名为鼓励，实为限制。尽管一夜之间全国冒出上百万个合作社，却只是挂个牌而已，合作社的分量在农民心中没有因法律的出台而有所提升。可以说，百年乡村合作社发展到今天，农民真正意义上的合作仍然趋近于零。这不能不说是一件令人感到悲哀的事情。

但从某个阶段来看，合作社也发展出令人鼓舞的状况，比如中华平民教育促进会在定县组织的棉农购销合作社，绕开中间商直接与天津塘沽的厂商合作，定县县城里的商人上街喊出"打倒晏阳初"的口号。共产党在苏区推动的农民合作社办得也是有声有色，革命、生产两不误，对全国的最终解放做出了积极贡献。新中国成立后的互助组和初级社时期，乡村的合作也呈现出一派繁荣的景象。从合作内容来看，各种类型的合作都有，但主要还是购销类的合作居多，也许是因为购销合作的操作相对简单而且风险较小。这些在不同阶段呈现出的合作亮光，给了新乡村建设推动者们一定的信心，而国际合作社原则阐述的理念，也在很大程度上强化了他们的信念。

## 二、国际合作社原则解读

1995 年在国际合作社联盟成立一百周年大会上通过了目前具有普遍指导意义的《合作社七项原则》。第一条即为自愿与开放的社员资格。社员们不会再有来自上层或合作社内部的压力，在进退之间，他们具有充分的自由，而且没有性别、社会、种族、政治或宗教的歧视。原则的第二条为社员的经济参与。社员们与合作社之间必须有经济联系，这种联系通常以社员向合作社缴纳股金来体现，其所缴纳股本的一部分作为合作社的共同财产，回报也是有限的，社员盈余一部分进行红利分配，一部分作为合作社公积金、公益金或风险基金的积累，其中至少有一部分是不可分割的。合作社工作的民主控制被列在了第三条，合作社是由社员控制的民主的组织，社员积极参与政策的制定，社员代表对全体社员负责，社员不论认股金额多少，有平等的投票权，即一人一票。自治和独立是合作社的第四条原则，如果合作社与其他组织（企业或政府）达成某种协议（包括对外筹资），社员的民主控制和合作社的自治原则不应受到损害。此外，合作社应为其社员选出的代表、雇员提供教育和培训机会，以使他们具备相应的能力促进合作社的发展。合作社还有责任使公众广泛了解合作的理念和优越性，获得社会的信任，这是原则的第五条。第六条，合作社之间的合作，合作社要最有效地为其社员服务，也要加强横向合作，以使合作运动在互相支持中得到推动。第七条，关心社区发展，在合作社发展的过程中，必须对其所在社区的发展给予足够的关注，合作社不能单独地存在，它追求每一个人的发展。

但对这些原则的理解不能只停留在字面上，必须对其背后更丰富的内容予以更为详尽的理解。比如我们讲合作社的民主，通常用"一人一票"来说明，在这四个字的背后，我们需要进行更多的考察。在亚历山大·赖罗（Alexander Laidlaw）博士所著《公元二千年的合作社》一书中，他说明了"一人一票"代表的民主原则的更多层面：一是合作社的社员资格不应该是强制性的，应依社员的意愿为准；二是开放的社员资格与一视同仁的理念，是合作社民主的基本要素；三是社员之间要有某种程度的同质性，与其结社必须以休戚相关（共同关系）为基础，才能建立起更大的团结，比如五百位各拥有两亩地的农民与五位各拥有两千亩地的富农，他们结合的民主基础就不可能稳固；四是正如计算选票一样，民主原则的衡量也要依其社员的参与情况而定；五是一个民主的合作社要有各种阶层的实用有效的教育课程，并赋予社员参与领导者训练的机会；

六是雇员们若在其工作中少了民主精神，则该合作社的民主原则即不完全；七是在民主决策里，专家与技术人员是提供意见者，社员才是决策者；八是"民主，并不一定要每个人都同意，重要的是每个人都要参与"；等等。总之，民主的概念除了在会议中通过"一人一票"表现出来，也要在合作社的各个层面印证出来。

这些原则需要适应中国的土壤才能生长，要开花结果则更需持久的耐力和在中国农村生活的智慧。一旦它们在社员的心中扎下根来，我们梦想在这块土地上生根发芽的仁爱、和平、信实、节制将不再只是一些华丽的辞藻。

## 三、翟城合作社

在中国推动合作社工作的一个困难在于，推动者们必须先对20世纪50年代的合作化作出恰当解释，因为人们对那段时间的合作运动抱有非常负面的看法，对大多数人来说，那是一段惨痛的记忆，这种记忆也或多或少地传给了下一代。翟城村的书记曾接受过几次工合国际委员会关于国际合作社原则的培训，开始他对此抱着极大的警惕，认为那个时候合作道路没有走通，现在也走不通，他基本上把两种合作社等同起来，后来他成了合作社的积极推动者，并认为合作社是解决"三农"问题的必由之路。其他社员在思想上也慢慢统一起来，最朴素的认识是以前的合作社农民是被动的，现在却是自愿的。

翟城姓氏主要有米、李、韩、张、秦五大姓，关系错综复杂，家族势力显得并不强大，是按照东、西、南、北、秦五条街道分配权力，无论是村委干部的组成，还是电工、井长等的组成，其人数比例基本都是按照街道平均分配。在定州市管辖的乡村中，翟城村虽然没有什么工业收入，但相对还比较稳定，两委班子因为有自留地与集体财产的收入，有一定的管治村务能力，也正因为如此，才有了2003年充分动员村民集资搞乡建的事情。

自2003年8月开始，乡建志愿者即有意识地在村民中开展有关合作经济组织的宣传工作，这些工作包括对翟城村经济结构的调查。志愿者把关于合作社的相关知识糅进调查问卷中，边调查边向村民传播合作社的相关知识和理念，并采取"请进来，走出去"的办法，邀请工合国际委员会的专家到翟城村开展合作社培训，也选派翟城村的干部到北京等地学习合作社的相关知识，这为2004年5月合作社的正式成立打下了很好的基础。

翟城村的种植结构仍以大田作物为主，但大部分农户也都种植经济作物辣椒，每家种几分到几亩不等。辣椒的价格波动较大，好的年景十几块一斤，差的年景两块多一斤。每到收获季节，十几个小商贩就挨家挨户地收，农民从没想过可以自己组织起来拿到更远的市场去卖，赚取差价。志愿者在调查的过程中，同时会给农民算一下账，如果大家组织起来一块销售，可以有多少的赚头。

翟城合作社的最终成立，是在经过几次针对翟城全体村民的讲课后。讲课的大部分时间只分析合作社经济的功能，听者对合作起来的经济前景抱有很大的热情，合作社的成立正是主要依靠这种热情，《团结就是力量》的歌声也起着渲染气氛的作用。在课程结尾，合作社的其他价值开始呈现在黑板上，国际合作社联盟的原则被一知半解地接受，但这已不重要。重要的是合作起来有实在的好处。

大家纷纷交了股金，每户 100 元，温铁军教授以个人名义入股 1 万元，不分红。接着是选举，先选出理事会，然后是监事会，社员被告知理事会和监事会中妇女所占的比例不能低于 30%。翟城村千余户人家，有 134 户入了社，听课的人大部分入了社，还有在外地打工的人打电话回来要求入社的，他们将社员证挂在家里显眼的地方，但更多的人在观望着。

在翟城村两委的领导下，新诞生的合作社填补了村庄中教育、养老、经济组织、农业技术等方面的很多社会服务空白。

## （一）使劳动具有公共价值

农村中缺少很多东西，但劳动力几十年来却从来没有缺乏过。遗憾的是，很长时间以来，这些劳动力通常与牌桌、闲聊、屋角的太阳光、电视连续剧或者劳累联系在一起，他们有时是一个人，有时是一群人，但都与公共生活没有关系。如果说劳动创造了财富，农村中的很多"劳动"却在浪费财富。如何将农村中闲散的劳动力有效地组织起来，使劳动剩余与财富、公共生活建立联系，这是合作社成立时首先需要考虑的问题。翟城合作社成立的第二天，就组织全体社员到一所废弃的砖窑捡砖块，社员中老的少的、健康的残疾的百十号人一大早在村中集合，举着破烂的彩旗浩浩荡荡地向村外的废砖窑进发。路上还吸引了几个非社员参加，其中一位老人很是感动，他说有四五十年没见过这种场面了，这心里一激动就跟着来了，他还在劳动的间歇教大伙唱河北梆子。歌声、笑声，还有吵闹声声声入耳，我长这样大还是头一次被集体劳动的快乐所感染。更重要的是，这种劳动是为了集体的发展，有的社员还将自家的拖拉机开来，他们的目光已从家庭外移，看到更远的地方。

这是将劳动组织起来创造公共财富进而造福个人的一个很好例子。实际上，翟城合作社在接下来的工作中无一处没有义务投工投劳的影子，从农资的统购统销到辣椒市场的建设，从农业生产到建立农业实验室，社员们在看好自己的庄稼之余都积极参与。他们付出劳动，创造集体财富。

任何一项事业的发展都少不了资金的参与。在教育产业化、公共卫生私有化的过程中，农村中有限的资金被无情地剥离，而农民要从银行获得贷款又有很高的门槛，这种状况对合作社的发展是一个极大的障碍。翟城合作社章程中规定社员入社需交股金 300 元，但因当时正是种植季节，农户手里没有更多的余钱，而将股金暂调为 100 元，134 户就是 13400 元。若以这一万余元的本金谋求公共财富的积累，而没有劳动的有效组织和义务投入，这中间的难度是可想而知的。使劳动具有公共价值，将农村中富余的劳动引向公共财富的积累和公共生活的发展，这是翟城合作社在拓展社区公共生活空间上的一个有益努力。

合作社成立后马上开展的另一项工作是统购化肥、农药。有一户社员把自己临街的一座房子贡献出来，作为店面和仓库。理事会的三个人负责每周到保定进货，其他社员分为若干个小组，以小组为单位轮流值班售货，没有请专门的人。合作社用大集体时代记工分的方式来核算大家的劳动量。售货店也对非社员开放，但他们不享受社员按交易额返还的优惠。合作社售卖的农药化肥比市场上的便宜，有些农药市场上一瓶售价六元，合作社里只卖三元不到，因此很多邻村的村民也过来买。如此半年下来，合作社居然赚了五千多元，而合作社初始的股金也就一万多一点。不过由于这一块工作是大家轮流参与的，没有计算用工成本，从成本核算的角度，并不是特别准确；另外，社员因此节省的开支也没有计算进去，况且商品有更多的质量保证。

## （二）依托合作社的教育创新

对一切致力于农村发展的机构来说，不管是政府组织、非政府组织，还是企业，教育这个概念都具有永恒的意义，但如何使教育脚踏实地并具有实效不是一件简单的事情。目前在中国农村普遍已丧失组织信任的情况下，依靠行政力量将农民组织起来进行自我教育基本上已无可能，而农民在经济利益驱动下自发成立的合作社为其进行自我教育提供了一个平台。

翟城合作社就是在大家对合作知识的学习过程中成立的，后来又要求社员每个礼拜集会一次进行集体学习，首先学习合作社章程，由理事会中负责学习的理事给大家逐句朗读，社员如有疑问可随时提出；然后他们学习国际合作社的七项原则、市场营销等，在集会结束前，他们还一起学习歌曲，现在大家已能唱《合作就是力量》这首改编后的歌了。但这种大规模的集会，其学习效果实在有限，那乱哄哄的场面以及没有经济效益使一些人对这样的学习和讨论渐渐厌烦，参加几次后就不再来了。

鉴于这种情况以及为使合作社其他工作更好地开展，理事会按就近原则对社员进行了分组，共 12 个组，平均每组 11 户，由组员选举正副组长各一人，每个理事负责一到两个组。这样一来，小组的学习逐渐开展起来，有些小组还给自己起了名字，如葡萄藤学习小组、向日葵学习小组、金太阳学习小组。学习的地方就在社员家的炕头上或是丝瓜架下，十几个大人和小孩围坐在一起，在昏暗的灯光下，怯怯地朗读着。他们中的一些人，只是在小学时学过汉字，之后就再也没有机会跟文字打交道了，他们将书本凑到眼前，一字一顿地读着《卡尔威特的教育》《晏阳初的思想与人格》《中国公民常识读本》《解构现代化》《法律咨询手册》《印度的乡村建设》，此情此景会让你感到中国的希望是那么实在地涌动着。

20 世纪 90 年代以来，农村中的知识与资金一样也躲不开被城市抽离的命运。农村文化的空洞化现象越来越严重，甚至老人的经验和阅历也不再有传承，农村中的精神维系正在一点一点地消隐，邻里之间的帮忙也被涂上了金钱的色彩。这个时候谈农民的自我教育、自我学习显得更为急迫，也显得更为困难。教育是一个国家的万年根本大计，也是一个社区的根本大计，除教育外没有其他路可走，但教育注定是一项艰难的事业。相比于工厂、商店，教育暂时显得暗淡无光，它的光亮要在十年、二十年甚至一百年以后才会显现出来。所以翟城合作社各学习小组说，他们要在一起学习二十年。二十年后，他们都将步入老年，但这个社区发展的基础将由此奠定。

2006 年初春，作为推动者之一的笔者因工作需要前往海南开辟新的乡村建设试验区，学习小组的社员还经常和笔者通电话。有一次南瓜藤小组的组长惠茹打电话给笔者汇报他们小组近期的情况，昨天他们组的社员们集体去打扫村庄的公共卫生了，临近结束时她说："我们是有自发的力量的。"让笔者好一阵欣慰。

合作社的工作先后涉及劳动和学习两个方面，在农村公共生活的主要领域，合作社的影响正变得越来越有分量，社员们在合作社里找到了家的感觉，开始注意维护集体的形象，集体感正在形成，一些人还改正了以前张嘴骂人的习惯，其中有一个叫李永伟的社员，有一次他对笔者说："我现在都不敢随地吐痰了，因为人家会说，你是合作社的，怎么还那么不文明呢。"而在非社员看来，合作社里的人好像高了一个层次。

即使是翟城村在镇上卖菜的村民，也愿意穿上当时合作社制作的 T 恤衫，因为合作社意味着诚信。有一年冬天下大雪，路上积雪很多，很影响农民出行，合作社号召社员们一起出来扫雪，得到大家非常积极的响应，社员们用了一个上午的时间（中间也有非社员受到感染参与进来），把全村四条大街总长近五公里的路面积雪扫干净（后面有村民直接开了铲车过来帮忙）。

现代社会，人们相信一切事业的第一要义是金钱，但在翟城合作社开拓农村公共空间的努力中，可曾看到货币的身影？只看到社员们时间的付出，然后是公共空间的彩布慢慢张开。

### （三）合作社的衰落

如果保持势头继续往前走，翟城合作社的未来是很值得期待的。但事与愿违，合作社并没有朝着人们所期待的方向继续前进，而是逐渐变得悄无声息了。社员们最初几年呈现出来的参与热情如今已荡然无存，合作社理事长也已改行外出做医生了。为何会是这样一种结局？其中的缘由是什么？对此进行必要的梳理，对中国合作事业的推动应该会有积极的意义。

第一个原因可以从推动者本身上找。翟城合作社是乡建组织直接推动的，带着很强的学院派色彩，像是学校在实验室里培育的花朵。随着乡建组织从翟城村撤离，尚未培育成熟的花直接暴露在了风雨严寒之中，其命运也就可想而知了。虽然这个培育过程前后花了整整三年的时间，但合作社的根系仍然太嫩太短，这和推动者技术不过关有关，具体表现包括：一是乡建组织过于一厢情愿，而且过于急切地要推动合作社的发展，由此在社员心中形成的是乡建组织要办合作社，而不是社员自己要办合作社，社员参与合作社是给乡建组织面子；二是理想主义色彩过浓，乡建组织的小知识分子受国际合作社原则的理想感召，想一步到位在合作社内实现这一舶来的理想，而不顾及合作社不同发展阶段的实际情况，没有对这些原则进行符合实际的中国式的解读；三是推动技巧不够娴熟，火候掌握不到位，比如合作社理事会开会，推动者本来是列席者，但理事们发言过多，成了主角。

第二个原因是合作成本无人支付。任何一项合作都有成本问题，如果合作产生的收益可以覆盖成本，哪怕利益很小，人们还是有可能选择合作；但如果收益低于成本，人们就会放弃合作。乡建组织在最初通过理想情怀进行动员，社员们以情怀覆盖了成本，但随着时间的推移，情怀逐渐淡去，合作的现实成本浮现出来。而合作社的经济活动，如农药的统一购买，利润很低；一些生产性的合作，比如种地瓜，却几乎没有利润，有的还亏本。这种情况下，合作社不堪合作成本的压力，开始是社员逐步丧失参与热情，而后是理事、监事失去干劲，最后合作社停摆。

第三个原因是政策供给不足的问题。2004 年翟城合作社成立的时候，国内还没有支持农民合作的政策，直到 2007 年《农民专业合作社法》出台，政府开始鼓励农民在某个专业领域展开经济合作。但这种鼓励政策很快变成了精英俘获的工具，一般合作社很难得到这种政策支持。而且如上所述，合作社的成本无法通过弱质性的农业生产本身得到覆盖，但在有利润空间的领域，比如金融和保险领域，却又没有相关的政策允许农民进行合作。

第四个原因是农民组织力不足的问题。这个问题应该是根本性的，农民缺少进行自我组织的力量，组织意识淡漠。尽管《团结就是力量》这首歌深入人心，但新中国成立后一度过激的组织方式削弱了农民进行合作的信心，分田单干以后，农民彼此的经济连接越来越少，互助感进一步丧失。这种内发性的组织力的缺失，一方面限制了农民自发进行组织的想象力，另一方面也使外界关于农民自组织的设想推行起来困难重重。

## 四、蒲韩合作社

山西永济的蒲韩合作社一直以来被抱有合作理想的学术界和媒体视为新时代合作事业的样板。这个合作社自 1998 年开始酝酿以来，经历了各种波折和转型，一度也有快要走不下去的时候，即使现在，也仍然生活在各种压力中，其生存的土壤仍然贫瘠。但这株在荒野中长出来的小草，其顽强的生存意志使它经受住了严冬等极端天气的考验而愈加强壮，呈现出合作事业的蓬勃生机。未来的道路仍然艰险，考验会越来越大，我们愿在这里为它祈福，祝愿它可以在茁壮成长中迎接合作春天的到来。下文将蒲韩合作社这二十余年的起起伏伏呈现出来，总结其经验教训，对中国合作事业的发展具有重要的意义。

## （一）合作社的形成

新乡村建设的经验中有一句话叫"文化先行，收效最高"，这句话在蒲韩合作社体现得最为充分。实际上，蒲韩合作社的实践也可以说是新乡村建设运动的先声，因为其在 1998 年就开始了乡村文化建设的工作，而作为新乡村建设正式走上舞台的标志的翟城试验是 2003 年才开始的。1998 年，郑冰还是村里小学的一名民办教师，她的爱人在镇上经营一家农资店。在帮助她爱人卖农药化肥的过程中，郑冰发现农民买农资的随意性很大，他们并不清楚自己的农田真正需要什么。由此，郑冰就有了为农民免费开展农业技术培训的想法，并付诸行动。在这种为他人服务的行动中，郑冰逐步明确了自己新的人生方向，她的内心开始被某种令人兴奋的理想激荡着。在组织农业技术培训的过程中，郑冰进一步发现了村庄妇女的文化教育需求，于是组织妇女们开展跳舞等文艺活动，在活动之前，进行集中的学习。这些学习内容十分广泛，比如让大家找一找农村的好，如空气好、阳光好、水好、自由，等等，渐渐地增强了妇女们的乡村文化自信。于是，一支妇女文化小队形成，这支队伍成为蒲韩合作社的基础。在村庄整治中，村两委搞不定的事情，却被这些"只会跳舞"的妇女们解决了，村里面的男人们也开始对这支妇女小队刮目相看。比如 2004 年村庄的垃圾整治，这些"只会跳舞"的妇女居然把全村 204 户村民都动员了起来参加义务劳动。郑冰在二十年后对这一"文化先行"进行总结时说："跳舞给我们最大的好处是农村妇女从家庭中走出来，大家团结起来，思考大家能怎样生活得更好，起码跳舞能使我们快乐，这时候有几百人上千人来跳舞，其实歪打正着地团结了更多人。"到2001年的时候，周边有43个村庄的妇女跳起了舞，涉及蒲州和韩阳两个乡镇。

有了妇女们最初的文化合作基础，郑冰接着就开始谋划开展经济上的合作。2005年夏天，郑冰带着几位妇女到翟城村参加了合作社培训，第一次对合作社有了较为全面的了解，认识到农民除了进行文化的合作，也需要进行经济的合作，农村作为一个整体才不会被市场分割和左右。但对农民经济合作的简单理解，却使他们在接下来的三年时间里吃了大亏。2006—2008年，他们办起了七八个经济合作社，涉及乡村的各个产业，但无一例外，这些合作社都以失败收场。其原因是多方面的，主要原因是单纯的生产性合作风险普遍都较大，农民缺少资本，没有抵御风险的能力，也没有能力通过技术改进和市场拓展来消解风险。所幸的是，他们在经历那么多次的失败后，仍然能够继续向前，这不得不归功于他们最初开展的文化合作打下了良好的精神基础。

## （二）合作社的发展

经历了那么多经济合作上的失败，郑冰他们悟出了一个道理：农村首要的是生活，然后才是经济。合作要立足于生活，不能立足于经济。这是一个巨大的思想转变，这种转变对蒲韩合作社发展的影响是根本性的，由此，合作社进入一个全新的发展阶段。

### 1. 以生态为基

如果为了经济，就会去追求规模和效率，就会伤害土地，伤害生活。在这种认识下，合作社回过头来，回到可持续发展的基点上，回到生态的基点上，开始推动以土壤改良为基础的生态农业。2009 年这一工作开始推行，首先是鼓励社员进行多元种植，种植品种多样化，并且尽可能回归到传统种植，以前地里种什么，现在还种什么，需要引进外来的新品种时，大家一起商量决定；其次是鼓励小规模种植，每户家庭种植面积不超过 50 亩。2013 年，三千余户社员手里的土地是 3 万亩左右，2016 年，这些社员手里的土地是 6 万亩左右，平均每户约 20 亩。社员手里土地的增加，表示原来几百上千亩的大农场的土地流转到社员手中了。

## 2. 以服务为本

"服务、教育、再服务"，在蒲韩合作社办公室的墙上，你可以看到这样的标语。合作社是作为社员和市场的桥梁存在的，这种认识是在合作社几次进入市场失败后才形成的。既然是桥梁，就得做好连接两端的服务，社员需要什么，就提供什么服务。2013 年，合作社形成了老人、小孩、手工艺和技术培训四个模块的服务体系，通过这个体系，合作社与每一户社员形成了紧密的服务关系，合作社由原来单纯的经济联合转变为综合性的服务联合。2016 年以后，这个服务体系进一步扩展为九个模块，在原有四个模块的基础上，扩展了生产性消费、生活性消费、产品销售、金融服务、文化服务等五个模块，合作社的服务体系进一步完善，囊括了社员生产生活的各个方面。

## 3. 以教育为翼

蒲韩合作社是我所见过的最重视教育的农民组织，这大概和它是从学习中产生的有关，其基因中带着不断学习的元素。合作社在回顾二十年经历的时候总结过一句话：其实在农村做啥事都不难，难的是，在做事中间，怎样转变人的观念，怎样让人的观念回归到本质上。可以说，合作社自成立开始就一直在做着转变人们观念的工作，包括转变合作社骨干的观念、转变一般社员的观念，也包括转变政府的观念，甚至是有些学者和媒体的观念。观念的转变唯有通过教育。这种教育包括几个方面：一是合作社骨干的自我教育，定期组织内部学习，学习的内容包括政策法规、生态技术等各个方面，也经常组织外出学习，参加各种培训班和论坛；二是对社员的教育，比如教育他们在生产过程中不要再使用农药、化肥、除草剂，不要眼里只有钱，但这种教育不是通过简单的说教，更多的是通过农户与农户之间的互相教育，通过先进带落后的言传身教，大家有样学样；三是对政府的教育，这种教育不是主动施加的，而是在政府官员对合作社的考察中，通过对话完成的，比如政府认为合作社要搞规模化的产业，要盖高大上的办公楼，提出为什么要服务老人小孩的问题，合作社能够有理有据地根据实际情况予以说明，这就是不同观念的碰撞，对政府会起到一定的教育作用，当然，有些顽固的官员也会因此给合作社戴上"不听话"的帽子。

### 4. 以信用合作为支撑

有了前面十余年合作训练，合作社的文化和机制已经在一定程度上建立起来，社员之间的信任关系相对稳固，在这种基础上，蒲韩合作社于2009年开始启动资金互助业务。最初的业务是与北京的一个资方合作的，由北京的这家公司提供资金，合作社负责放贷，资金利润归北京的这家公司。这样的合作进行了三年，合作社认识到这和商业银行资本通过地方银行赚农民的钱没有什么区别，合作社只是被当作一种工具在使用而已，于是合作社终止了与这家公司的合作。但有益的是，合作社在这三年中培养出了自己的信贷员，也认识到这种业务如果主动权掌握在合作社和农民手中，对社员是有切实帮助的，而且也能更好地重建农民之间的信任。但合作社不能在社员内部吸储，信贷资金来源成了问题，所幸此时有一家慈善基金提供较低利率的借款，合作社借入利率是六厘，借给社员的利率开始是一分五，后来降为一分二，年资金流量在三千万元左右。如此，合作社的利息收益一年就可达到将近两百万元，有了这个资金基础，合作社的各项服务得到进一步完善，一个良性循环的生态系统在合作社内部建立起来了。

### （三）合作社的隐忧

蒲韩合作社发展到今天的这二十余年里，其经过的挫折和困难实在是很多，但每一次挫折都给这个学习型的组织带来了新的进步。然而有些挫折却是长期的，其积累起来的问题也是长期的，这些问题成为合作社继续前行的隐忧。

#### 1. 政府关系

在 2019 年全国各地进行的扫黑除恶专项行动中，合作社居然被当地政府列入了名单。尽管后来分管领导因为自己与黑社会勾结被处理，但由此也可以看出合作社与当地政府的关系不容乐观。分析其中的原因，有以下几个方面需要合作社予以重视：一是合作社开展的相关业务需要遵守相关法律法规，在国家的法律和政策框架下谋求发展，如农民的信用合作虽然符合国家政策文件精神，但却没有法律明文支持，地方政府也无法监管，尽管合作社没有进行内部吸储，但其使用外部资金进行放贷，很容易被视为逾越了法律；

二是合作社走的是独立自主的道路，没有规模化、产业化，没有盖办公大楼，等等，与地方政府领导政绩追求不符；三是外界各种类型的人到合作社参观学习，甚至有外国人，而合作社又没有上报，这就加强了政府对合作社的不良看法；四是合作社与政府之间缺少一种有效的沟通渠道，合作社过于强调独立，不愿与政府发生关系，对政府的信任度也低，不愿主动和政府沟通，如此，政府对合作社的不信任不断积累，这才有了将合作社列入黑名单的极端行为。

### 2. 管理问题

郑冰作为合作社的发起人，因其思想力和行动力都很强，同时具有较强的公共力，因此能带领合作社在这二十余年的时间里披荆斩棘，闯出一番天地来。但这种一枝独秀的局面，对合作社的持久发展却提出了挑战，因为郑冰的领导力没有转化成团队的能力，合作社对其个人能力的依赖过大。尽管我们知道，合作社非常注重学习，注重骨干培养，注重提升团队的能力，但无法改变强人领导的局面。这种状况在一定时间内对合作社的发展是非常有利的，但随着合作社各项工作的推进，对团队管理能力的要求的提高，这种强人型的治理结构就有可能成为一种障碍。

### 3. 人才问题

这个问题和乡村总体上的人才外流相关，也和管理问题相关。合作社所服务的村庄在黄河边上，土地肥厚，人均占有耕地相对较多，人们在家务农基本可以解决生活所需，合作社人才也以这些在家务农的人为主。但由于年轻人大多外出务工，合作社缺少新鲜血液的补充，无法更新迭代。尽管合作社由于信用合作业务的开展，吸引了一些年轻的媳妇参与，但由于薪酬较低，而且等孩子稍大一些她们又得外出和爱人一起，这些年轻人实际上无法真正成为合作社的后备力量。当然，最主要的原因还是农业的效益比较低，农村养不活更多的人，农民外出务工大多是一种不得已的行为。在这种情况下，由于缺少年轻人的参与，合作社的业务基本还是停留在传统的农业服务上，在创新服务内容和方式上稍显不足；特别是目前合作社业务拓展到城乡合作领域，对相应人才会有更高的要求。

我们从以上的两个案例可以看出，在中国推动农民进行真正意义上的合作还存在着非常大的困难，但也因此有巨大的推动空间。特别是在乡村振兴这个大背景下，农民的组织化将成为我们这个时代的潮流，需要更多的人成为弄潮儿，参与到推动者的行列中来。对政府来说，则需要更好地转变观念，鼓励农民开展综合性的合作，特别是在有利润的合作领域，要对农民的合作社开放。唯有如此，乡村振兴的事业才有可能变得有根有基。实际上，乡村振兴中的五大振兴任务要有效地落实，基础都是农民的组织化，这也是由我国的社会主义性质决定的。

第 三 节

农村的文化与精神重建：组织和教育作为手段

在市场经济的洪流下，农村面临的不仅仅是农民抛妻别子远离家乡到城市打工的问题，也不仅仅是农村留守老人、妇女和孩子的问题，更重要的是它对中国传统文化的消解，使农民逐渐失去了农耕文化的自信，也使传统乡村伦理道德逐渐消解。从很大程度上来说，这是新乡村建设面临的首要问题，如果农民不能在文化上强大起来，一切的建设都只是镜花水月罢了。"文化先行，收效最高"，新乡村建设的这句经验总结，不仅是从工作方式上来说的，更主要的是强调新乡村建设工作要"文化先行"。因为文化是基础，农民的文化自信是其尊严实现的前提条件，也是新乡村建设工作成果的主要标志。农村的文化与精神重建包括两个战场，一个在农村，一个在城市。

## 一、农村的文化与精神特质

在漫长的农业文明发展中，农村作为这一文明的承载者，形成了属于自己的文化和精神特质，这些文化和精神进一步构成了我们民族的性格，这种性格是我们中华文明有别于其他早期文明能几千年绵延不绝的根本原因。农村的这些文化和精神特质，笔者试着从以下六个方面予以简单说明。

### （一）敬畏自然，天人合一

华夏祖先的智慧，在"天人合一"这四个字中体现得最为淋漓尽致，直到现在，仍然是世界范围内的共同认知和追求。这一智慧在近代工业和城市发展的进程中与人类渐行渐远，已经面目模糊。但是在我国广大的乡土社会，由于农业生产仍然是人们谋生的主要手段，人们千百年来在与自然的实践互动中形成的敬畏之心，尽管也受到现代商业文化的侵蚀，但仍然跳动不息。实际上，现在被一些人斥之为"迷信"的行为，如拜土地公，农历初一、农历十五烧香敬天，都可以看作人们在意识深处对不可知的天、地、自然的敬畏。这种对自然的敬畏，体现在人们的日常生活上，成为约束人们某些行为的一种准则，这种准则发乎心，具有更大的效用。

### （二）质朴无华，率真求实

老子在《道德经》里指出什么是人类的本质，他用了四个字：见素抱朴。在今日社会，我们可以在哪里寻找到最接近人类本质的人群呢？显然，大家不约而同的答案是农村。小农的自给自足经济是我国农耕社会的主要特点，长期以来，人们在有限的半径内发生有限的商业往来，更多的是熟人之间的情谊往来，以及与土地和自然的情感互动。农村地区的这种社会交往和经济活动特点铸就了农民质朴无华的品质。也有人以农民的这种社会交往和经济活动特点来说明农民目光短浅，但从另外一个方面说，这也是农民不尚空谈、讲求实在的原因。人们春天洒下种子，只有辛苦耕作、用心管理，才能迎来秋天的收成。乡土社会的务实作风大多是从这种劳动体验中习得的。

## （三）守望相助，平等友爱

彼得·阿列克谢耶维奇·克鲁泡特金（Pyotr Alexeyevich Kropot-kin）的《互助论》中论述了人类社会发展至今没有衰竭的核心，是人们的互助本性。这一点，可以在乡土社会得到有力的证明。在人类社会早期，不管是狩猎阶段，还是农耕阶段，人们只有互相配合，彼此帮助，才能在严酷的现实面前生存下来，互助是人类的一种生存本能。随着社会的发展，农耕文明的发达，互助成为人们的自觉意识，在村庄大大小小的事务中都有体现，最典型的是对于农民来说最大的工程——盖房。20世纪以前农村盖的房子，普遍是在很少现金交易的情况下盖起来的，只有大师傅和木匠的工价是以现金结算的，大部分的材料和劳务支出则多以互帮互助的方式来进行，人们不用花多少钱，即可盖出一栋像样的房子。所以尽管过去人们日子过得紧巴巴的，却可基本实现"居者有其屋"，这与乡土社会"守望相助"的传统密切相关。另外，与农民生产活动相关的，如农村水利建设，也离不开大家的合作互助。乡土社会的这种互助精神是维系社区良性运转的重要基础，既节省了社区的货币支出，又增加了社区的社会资本，久而久之，自然也就形成了乡土社会平等友爱的氛围。

### （四）明辨是非，良心未泯

由于受到外物的干扰较少，长期在乡土社会生活的人们，其欲望也相对较低，这使他们能保持良心的清明，对是非有敏锐的洞察力。在前几年的"小悦悦"事件中，十八位从小悦悦身旁经过的人，只有那位从农村走出来的阿姨抱起了她；还有车下救人的农民工，在街头捡到巨款交公的乡下老奶奶，等等，不一而足。他们在被问及为什么会这样做时，都会不约而同地提到"本能"两个字。是的，当他人遇到危险时出手相救，这是人类的一种本能，是不需要什么心理活动的。这种本能在经济发展中逐步从人们身上被剥去，而乡土社会正是这一本能的守护者。

### （五）勤劳节俭，自食其力

农业劳动"面朝黄土背朝天"的艰辛让很多人望而却步，人们追求舒适生活的本能使各项科技发明成为可能，有一天，脑力劳动将消灭体力劳动，而人类将在舒适中获得自由。这似乎是人类发展的一条理想路径。果真是如此吗？不然。恩格斯说过，劳动创造了人本身。他这里所说的劳动，主要是体力劳动。尽管与自己的本能（追求舒适）相悖，农民不得不参与体力劳动才能得到饱足，但在长期的劳动实践中，农民却因此形成了热爱劳动的品质，用我的家乡话来说是"闲不下来了"。这种品质恰恰是人类本质的一部分，人类在劳动中获得尊严和自由，农民长期与自然为伍，自食其力的劳动是对人之成为人的最好注解。此外，节俭也是乡土社会非常重要的一种美德，现代人用"穷怕了"一句话来概括农民为何如此节俭，尽管道出了一部分事实，但有辱这一美德，实际上，节俭更多的是农民对自己、对他人劳动所得的尊重，也是其对上天的某种敬畏和感恩。

### （六）不以物喜，乐天知命

尽管乡土社会一直以来并没有停止过对物质的追寻，人们劳作、经商、读书求功名，都是为了自己和家人过更好的生活，但这些追求多是合理的有限的追求，少有贪婪的成分。长期以来，那些吝啬贪婪的商人在乡土社会是不被尊重的，农村的价值对这些人有一种天然的排斥，倒是那些安贫乐道之人在农村享有极高的地位，往往也是农村教育后代的榜样。人们普遍对自己的处境抱持一种"乐天知命"的态度，处境好则心怀感恩，不好也不怨天尤人。这种乡土社会自然形成的特质实在是一种较高的道行，是那些饱读诗书、功成名就之人毕其一生孜孜以求的，农民受教育不多，却能在生活中将之自然演绎出来。

### 二、农村的文化与精神丧失

中国文化的基础在农村，农村是中国文化和精神的堡垒。但传统的农村文化也难以抵御现代城市文明的冲击，其传承出现了问题。在将近半个世纪的时间里中国跃升成世界第二大经济体，但也在一定程度上使我们的精神不断走向物化。具体的表现和原因我们可以从以下几个方面进行分析：

## （一）农村信仰文化物质化

尽管孔子讲"子不语怪力乱神"，但信仰文化在中国农村一直生生不息，各种神灵成为农民最重要的精神寄托，也是农民一直保有敬畏之心的原因。在中国的每个村庄，特别是南方，每个村几乎都有一所或好几所寺庙，供奉各种不同的神灵。这些寺庙的功能和西方随处可见的乡村教堂类似，是人们精神的寄居处。马克思的唯物哲学讲人的主动性，主张人对自己精神世界的主宰地位，认为宗教是劳动人民的麻醉剂。改革开放后，人们的精神世界从政治中解放出来，农村的各种神灵又活跃起来。但是随着市场改革的深入，货币资本对农村互助资本的完全替代，人们的精神信仰也逐步被经济信仰替代。尽管农村各种宗祠寺庙的香火不断，但人们的精神空间已基本被金钱挤占，有钱就有一切的观念已经深入人心，整个社会的精神已基本物质化，农村也不能幸免。散布在各个角落的神灵并不能保护好农民的精神不受金钱的侵蚀，人们烧香拜佛不过是为了祈求更多的物质满足罢了。

## （二）农村孝道文化功利化

市场可以有效地配置资源，同时也可以使社会功利化，其在农村的表现之一就是使有几千年传承的孝道文化迅速功利化。本来子女赡养父母是天经地义的事情，在中国历史上，这种循乎天道的道理也曾遭到破坏，庄子所谓"天下无不以物异其性"，而后有儒学谈"孝"，意图通过教化使民复归于天道。两千多年来，儒家所倡导的孝道文化已经深入人心，朱熹手书的"孝"字遍布于各个宗祠大堂的墙上，孝道教育成为各个私塾的必修课程，从某种程度上来说，孝道已经成为人们潜意识里的天道了。但近几十年来，人们受市场文化熏陶，一切进入功利计算模式，包括孝敬父母、尊敬长辈这种天经地义的事情也纳入了这个模式。其结果就是农村的孝道文化急剧退化，农村老人成了最没有尊严和地位的人群，因为他们很难为家庭或村庄带来经济上的收益，反成了孩子们眼里"吃白饭"的。乡村孝心功利化的影响是深远的，可以说乡村在"失道"的路上又迈了很大的一步。

### （三）农村互助文化资本化

过去乡村社会系统的一个重要特征就是互助性，人们在漫长的农业生产生活中形成了互帮互助的文化，这种文化涵养着乡村，使乡村在各种大灾大难面前仍能存活下来，也长期维持着乡村自给自足的生产生活方式。不管是盖房娶亲，还是孩子教育或养老，人们通过互助的方式都可以完成。即使在改革开放之初的 1980 年前后，农民仍然可以在不花费多少金钱的情况下把房子盖起来，靠的就是农村的这种互助性。市场经济在社会上形成的认知障碍之一就是"有钱就有一切，没钱寸步难行"，这里所说的"钱"，我们可以称之为货币资本。这在城市也许是说得通的，在乡村却不一定说得通，特别是以前的乡村，哪有什么钱呢？因为人们赚钱的门路很少。但乡村能几千年绵延不绝，靠的是什么？靠的是另外一种

"钱"，我们称之为互助资本。但市场的"手"却让农民背井离乡去赚取货币资本，把互助资本抛弃。货币资本对互助资本的取代，我们可以称之为农村互助文化的资本化，金钱往来代替了人们彼此之间互助式的经济活动。其结果就是人们对货币的需要变得没有止境，而农村在货币资本的赚取上又没有优势，所以只能背井离乡到城市打工，如此又进一步削弱了农村的互助文化。

此外，农村的生态文化、治理文化等也都在不同程度受到现代化的影响而呈现出退化的特征，这在第二章关于新乡村建设的背景介绍中已有述及。总之，乡村文化和精神的丧失是全方位的，乡村的生命气息已经有紊乱之势，需要予以特别的重视。

## 三、农村的文化与精神重建

在新乡村建设启动之初，我们就认识到农村的文化和精神丧失是"三农"问题的核心，所以一开始就把乡村的文化动员和针对农民的教育培训放在了工作的首位。体现在大学生支农调研上，是调研结束和农民一起举办一场晚会的传统，在调研过程中则同时进行文化动员，以广场舞的教授为主；在具体的项目点，则除了广场舞、晚会等形式，还会有村庄传统文艺的挖掘、大众文艺如盘鼓和腰鼓的教授、传统节日的恢复、乡村图书室的建立、教育培训的展开等方面，也包括农民合作组织的建设、社区发展协会的组织等方面。实际上，乡村建设在乡村开展的各项工作，尽管内容千差万别，但共同的指向是很清楚的，即乡村的文化和精神重建，使乡村的文化的力、精神的力发扬起来。

## （一）合作文化建设

新乡村建设的合作文化建设工作包括两个方面，一是推动乡村的文艺合作，二是推动农民成立合作社，在合作社内部开展文化建设工作。"要想被气死，就去文艺队。"这是河北翟城村的老文艺骨干韩大爷说的。当时新乡村建设的志愿者去动员他出山，帮忙把翟城村的文艺队恢复起来。乡建组织在扎根翟城村以后，除了开展的合作社培训和生态农业试点工作以外，以翟城村为试点的新乡村建设试验工作也是其重要工作。发掘翟城村传统的文艺资源进行村庄的文艺动员，是在试验区工作的同人开展的第一步工作。翟城村在传统上有非常强大的文艺基础，特别是改革开放前，村里的文艺队有四十几人，在全县的各项文艺会演中都能获奖，有一次还得了第一名。村里还有一个大戏台，台上能同时容纳上百人，台下则能容纳两三千人。但在市场的冲击下，翟城村的文艺队解散了，戏台上长满了荒草，各种乐器也七零八落，文艺队骨干也渐渐老去，他们的文艺之心就像琴弦一样，或者蒙上了厚厚的灰尘，或者干脆断了。所以当志愿者挨家挨户去拜访这些文艺骨干的时候，他们普遍兴味索然，不愿意再参与。但也许是有感于志愿者的真诚，也许是村干部的动员，或者是那段辉煌的文艺岁月的记忆，有几位老文艺骨干愿意出山，特别是骨干中的骨干韩大爷，愿意教年轻的妇女们学习文艺表演。于是，有一个阶段的每天晚上，村里热爱文艺的妇女们聚集到韩大爷家的院子里，学习各种乐器和舞蹈。经过一段时间的学习和磨合，翟城村以妇女为主的文艺队就建立起来了。翟城村的戏台也重新热闹起来，在第二年的一次全县文艺会演中，翟城文艺队获得了第一名。翟城文艺队的建立，从某种程度上来说也是一种恢复，对提振翟城村的精气神起到了很重要的作用。一方面是作为文艺队队员本身，他们在参与文艺队的工作中得到很大的精神满足，尽管彼此之间有时候免不了会磕磕碰碰，但总体上都能配合默契，形成较为深厚的情感联系，同时增强集体荣誉感；另一方面，作为翟城村村民，他们的文化生活因之大为丰富，隔三岔五就能欣赏到由自己孩子参演的各种文艺演出，乡村的单调生活大为改观。

在翟城合作社内部开展文化学习，可以看作是翟城文化合作建设的另一个方面。合作社首先是一个文化组织、教育组织，其次才是经济组织，这是新乡村建设工作者的基本认识。他们认为合作社是农民追求自我实现的一种经济手段，其根本点是合作文化的形成。在这种认识下，教育和培训就成了翟城合作社的另一只脚，需要同时迈进。翟城合作社有 134 户社员，主要分布在翟城村的西街。负责翟城试验区工作的乡建志愿者经过和不同社员的沟通探讨，决定以读书小组的方式开展学习。读书小组根据社员居住区域进行划分，一般 10～15 户为一组，每组定期到其中一户社员的家里开展学习，一周三次，每次时长一个半小时左右，在农闲时节的晚上举行。于是，在翟城村西街就形成了将近十个学习小组，每个小组都有不同的名字，一般由当地的植物命名，比如辣椒小组、向日葵小组等。社员被组织起来了，学习什么呢？当时的组织者并没有特别的概念，对农民喜欢学习什么也是心里没底，最初只是认为既然大家已经是合作社社员了，就一起先学习合作社相关的知识吧，包括合作社的发展历史、合作社理念等。但单纯的合作社知识学习是很枯燥的，社员们很快就厌烦了。正好这个时候，中央音乐学院的周耘老师自费印刷了一本叫《小先生艺术手册》的书，里面收录了各种类型的文章，包括民国教育家陶行知、晏阳初的若干文章，也包括当时比较火的卡尔·H. G. 威特（Karl Heinrich Gcottfried White）的教育文章，以及其他一些生活艺术类的文章，内容庞杂而丰富，估计有上百万字。周老师捐赠了一批书，志愿者则将之分发给社员。有一次乡建工作者在路上碰到一个骑车去地里劳动的妇女，她的车筐里就装着这本书，说是劳动休息的时候可以看一看。这触动了我们的工作人员，看样子这本书里还真有农民喜欢的内容。于是，合作社读书小组就组织社员一起读这本书，里面关于孩子教育方面的内容还真吸引了那些家里有娃的社员，特别是妇女，他们带上小孩一起来参加读书小组，其乐融融。阅读是乡村文化与精神重建的重要一步，当农民劳动的手捧起书本，劳动就有了新的意义，而知识也就有了新的归宿。翟城合作社的读书小组持续了半年左右，后因乡建组织离开翟城村而停止，这和组织者的目标有一定的差距，因为农民自发组织进行学习的力量还没有形成。

## （二）传统文艺的恢复和发扬

传统文艺是中国乡村作为一个共同体的重要凝聚力量，这种力量在市场化条件下的逐步消解，是乡村共同体走向解体的一个重要原因。新乡村建设工作者最初对传统文艺的认识停留在村民的娱乐生活这个层面，认为文艺就是农民在农闲时找找乐子罢了，是乡村生活的调味剂。直到2011年莆田汀塘社区大学成立后，当地村民主动联系社区大学，希望协助村里把失传了几十年的十音八乐恢复起来，并且自发组织了七八十个村民来学习，每天五六个小时，前后学习了半年时间，形成了两支十音八乐队。新乡村建设工作者对传统文艺的认识开始发生变化，他们从这些有着强烈的文化传承意识的村民身上，认识到传统文艺在形成乡村认同方面有着重要的作用。中国乡村能几百上千年延续下来，传统文艺作为乡村文化的重要组成部分，起着至关重要的作用。传统文艺的恢复和发扬工作，自2003翟城试验区建立起就已开始，并且在之后的工作中形成了一套机制，即在文化动员先行的概念中，首先发掘在地的传统文艺形式和人才，如果可能，将之与新的大众文艺进行结合，使之在人才上能更新迭代。

## （三）传统节日的恢复

和传统文艺一样，传统节日活动对村社共同体的凝聚也起着至关重要的作用。改革开放后，除了宗族祭祀、迎神等信仰层面的活动外，农村传统节日活动的举办慢慢减少，其原因是多方面的，市场功利主义和青壮劳动力的外流是主要的原因。新乡村建设工作者在当地开展的文化振兴工作，带给村庄特别是老人群体比较大的触动，因为他们对村庄的传统有更为深厚的记忆。培田社区大学在培田这个八百年古村落开展工作近一年后，村里的几个老人就开始谋划龙灯节恢复的事宜。培田龙灯节已经有好几百年的历史了，但最近三十年却断了，没有再举办过。培田共分九房，龙灯节的时候每房需要出一条龙，龙头由每房共同制作，龙身则由每户各自提供，名为"板"，每块"板"上配置六个龙灯，这些龙灯的制作有些在家庭中进行，大部分还是在每房一起制作，基本是全家出动，有扎竹编的、有贴纸的、有画画的，各显神通。一般在过年的前一个月开始制作，农历正月十五前后三天抬龙游村。培田龙灯节从龙灯制作到活动举办，前后持续一个半月左右，几乎全部村民都有不同程度的参与，这对村庄互助资本的壮大具有很不一般的意义。此外，像培田春耕节，虽然有比较大的"改头换面"，也算是传统节日活动的恢复，尽管村民参与度还相对有限，但经过六届以后，部分村民主动出来承担组织工作，这个节日还是有内生的动力源的。在组织者关于春耕节的立意中，乡土精神的重建是其主要的目标，这种精神需要建立在农民对乡土文化本身的自信上。春耕节通过一些仪式性的活动，如邀请县领导扶犁开耕、村中长老主持祭拜土地，可以唤起人们对劳动的尊重，农民对乡土的自信也能有所提升。

## （四）老人协会

组织起来有力量，这不仅仅是指农民要在经济上组织起来，而是需要在社会生活的方方面面组织起来。作为乡土文化和精神衰落的最大的受害者——老人在乡村中的弱势地位如何来改变呢？老人如何在乡村的精神重建中发挥作用？除了政府在社会层面进行家风家训、尊老敬老的倡导，在政策层面进行扶老济困的制度安排，更重要的，还是需要进行老人的组织化工作，使其自身的力量能够得到焕发。老人协会是其中一种重要的组织方式，其对于改善老人的生活、重建乡村的精神秩序都能起到一定的作用。安徽南塘合作社是新乡村建设推动者较早协助建立起来的，其合作社理事长杨云标早年组织村民到北京上访，反映当地政府欺压百姓的行为，屡遭挫败后，在翟城试验区参加合作骨干培训，从"哭着维权"走向

"笑着乡建"。南塘老人协会就是在合作社的组织下推动起来的，其目的就是要重建南塘被破坏了的精神秩序。老人协会组织起来后开展的第一项工作就是在"三八"妇女节的时候评选"十佳儿媳妇"，表彰那些在家里特别孝顺老人、勤劳肯干的儿媳妇，在村里树立"孝"的榜样，老人孩子们前呼后拥、敲锣打鼓地把锦旗送到这些儿媳妇的家里，村里气象为之一新。老人协会成立后的另一项工作是"晒被子"，帮助村里一些老人把被褥拿出来晒，这可就让那些不善待老人的家庭坐不住了，这相当于是把他们的"家丑"给晒出来了，因为这些家庭给老人盖的被褥很多是又破又旧的，甚至有些还散发着臭味。老人协会的这种做法会有个别家庭反对，但由于这是组织的行为，不是某个人的行为，而且在村庄中已经形成了一定的舆论，个别家庭尽管不太情愿，但还是会碍于压力去改善老人的生活，更多的家庭则因此而能反省，村庄的敬老氛围因之而有较大的改善。很大程度上来说，"孝"是一个村庄最重要的精神支柱，南塘通过组织老人协会，使这一精神支柱慢慢坚固起来，从而较好地恢复了南塘的精神秩序。山西蒲韩合作社则通过举办"不倒翁学堂"来解决乡村老人的居家养老问题，营造敬老爱老的氛围。"不倒翁学堂"一般是租用村里一个农家院子，稍加改造成为老人可以休息和吃饭以及开展康体活动的地方，老人早上到学堂，晚上回去，中午在这里吃一餐，睡个午觉，其余时间则做康体、绘画、写字、剪纸、编织等，孩子们放学后到学堂来和老人一起学习，真正实现"老有所乐、老有所养、老有所为"。福建的培田社区大学则通过举办"老人公益食堂"为切入点来重建乡村的"孝"文化，恢复乡村的精神秩序。

### （五）生态文化建设

农村生态文化的丧失可以算作我们这个时代最重要的事件之一。如前所述，在全球气候变暖的贡献率中，农业的面源污染占比达到21%，超过了工业。农民对生养他们的这片土地不再热爱，也不再敬畏，这种态度直接导致了今天在农业领域呈现出的生态破坏。生态文化的恢复不是一件轻而易举的事，因为人们已经习惯了在工业化农业设定的框架里进行生产和生活，人们对化肥、农药、除草剂以及饲料、抗生素的依赖到了无以复加的地步。在这种情况下，任何农业生态化转型的行为都是逆势而上。蒲韩合作社在发展到一定程度，其吸引力变得较强后，开始把生态文化建设作为一项任务来抓，其切入点就是在吸纳新社员入社时，社员必须同意拿出五亩入社的田地进行土壤改良，否则不予入社。在这种政策下，合作社改良的土壤逐年增加，从开始的几百亩到几千上万亩，在当地形成了一个自然生态圈，同时也逐步形成了一个人文生态圈，农民对生态的认识在生产实践和合作社的教育培训中逐步提升。

以上从五个角度对农村的文化与精神重建进行了简要的梳理，这些工作有些呈现出立竿见影的效果，有些则还需要更长的时日才能达到目的。

总体而言，农村的文化与精神重建"路漫漫其修远兮"。但所幸乡土社会的力量还没有过度丧失，当其与新乡村建设的微微星火碰撞中，仍有机会被点燃并呈燎原之势。

## 第 四 节

### 生态农业的实践忧思：城乡互助与生态安全的视野

翟城试验区是在夏天建立的，已过了耕种季节，所以其生态农业实践是从第二年（2004 年）春天开始的。本着"劳动者免费就学"的原则，乡建组织于 2004 年 4 月下旬开启了第一次农民培训，这个时间正好是北方农村的春耕时间，大地从严寒的冬天苏醒过来，正蓄势待发，期待新的一年有新的收获。乡建组织的第一期学员也正好赶上了这个劳动时节，他们首先是翟城村的劳动者，其次才是学员。翟城村第一年签协议时给乡建组织进行农业实验的 50 亩地就位于乡建组织驻地的西边，走路十分钟就到了，在一片沙坑地的边上。新乡村建设开启的生态农业事业就是从这块地开始的。作为最早一批到翟城村筹备乡建的工作者或志愿者，他们并没有实际从事过农业生产，对生态农业的理解也只是不用化肥农药。尽管学员大多来自农村，有实践农业生产的经验，但他们也是第一次听说过生态农业，只能在传统的农事经验上进行一些指导。但无论如何，新乡村建设的生态农业就这么开始了，他们用羊粪代替了化肥，但羊粪里却掺杂了不少的砂石，而且由于只有9万元的乡建经费，能用在生态农业实践上的不超过1万元，所以羊粪也只能买一点，根本无法满足50亩地对肥力的需要。可以说，由于经验和经费的不足，新乡村建设最初的生态农业实践并没有像想象中一样一炮打响，当年地里的产出非常有限，不够覆盖投入的成本。乡建组织第二年就把这50亩地还给了村里，只种自己院内的20亩地。此后，随着人员和经费的逐步到位，乡建组织专门成立了生态农业工作室，这个工作室也在2007年春天撤离翟城村后到了北京，并于2008年在海淀区的凤凰山脚下办起了小毛驴市民农园，推广CSA（社区互助农业），举办CSA论坛，发起农夫市集。全国各地有志于生态事业的人，受到启发，开始在各地兴办生态农场，一时间前赴后继，全国掀起了一股生态农业热，尽管大多以失败收场，成了先驱，但这并不能阻止后浪的生态热情和农业想象，因为生态是一种大势。2007年中央提出"两型农业"，开始关注农业的环境污染问题，2009年"三聚氰胺"事件爆发，食品安全成为社会热点，2013年生态文明的战略地位得到进一步的强调，2017年党的十九大更是将之作为"千年大计"予以强调。而农业的生态转型是生态文明建设的题中之义，也是核心内容之一。

## 一、生态农业与生态安全

很多从早期开始从事生态农业的人，现在会禁不住地感叹"生态农业这个概念已经被用滥了"，话里带着愤怒和无奈。我也常和别人说，做农业是需要勇气的，做生态农业则需要信念。如果没有信念支撑，如果没有一种对生态农业近乎变态的执着，能在生态农业这个领域坚持下来的人可谓凤毛麟角。但现在生态农业这个概念却是满天飞，少用了点儿化肥、少喷了几次农药、没有用除草剂，就敢说自己在搞生态农业，在自己的产品上贴上生态的标签。所以有必要对生态农业这个概念进行解释。应该把"生态"和"农业"这两个词分开来理解：生态，简单来理解就是一种生命系统，这个系统的特点是生生不息，所以生态是指生生不息的生命系统；农业，从根源上来说，就是农民从事的事业。把这两个词连在一起，生态农业就是农民从事的生生不息的生命事业。当然，农民是一个广义的概念，他们可能是土生土长在地里摸爬滚打的地道的农民，也可能是曾经只会花拳绣腿的白面书生，其共同点是他们都有一颗"生态之心"，农业是他们的事业，不是混口饭吃的工作。如果我们同意这样的定义，生态农业的标准就比较清晰了，凡是农民从事的能促进生命系统生生不息的事业，都可以说是生态农业，反之则不是。生生不息意味着没有衰退，意味着活力和健康，意味着蓬勃的生命力。如果你所从事的农业生产使土壤退化了，使食物的能量减少了，使系统的生命力减弱了，你所从事的就不是生态农业。

生态安全可以从两个方面来阐述：一是环境安全，这一点在前面的章节已经有较多涉及，这里不再展开；二是食品安全，也就是食物的健康问题。不管你是住在城里还是农村，不管你是住在风景多么优美的地方还是脏乱差的城中村里，食品的安全都是大家共同面临的问题。"三聚氰胺"事件爆发后，食品安全问题开始受到大家的重视，但不管是政府还是社会，其重视的点主要在食品加工层面，对农业生产层面的健康问题则关注较少，这是典型的舍本逐末。对生产者来说，他们也知道大量喷洒农药的菜是不能吃的，所以他们会专门种一块不使用农药的地，产出的菜供自家食用，周立用"一家两制"① 这个概念对此现象进行概括；那些养殖 38 天出栏的速成鸡的农民，也是根本不会食用他们自己养的鸡的，他们非常清楚吃了这些鸡意味着不健康，因为这些鸡是由抗生素和饲料堆积而成的，是标准的化学合成物。对于消费者来说，他们也许知道自己在菜市场或超市购买的农产品是不健康的，但别无选择，只能将就着吃，因为这些食品短时间内也不会吃死人，有些意识层面相对较高并且有一定消费能力的人，会从特定的生态农业从业者那里直接购买农产品，或者在特定的生态农产品超市购买。但更多的消费者，他们处在消费的蒙昧阶段，并不清楚农产品可能存在的健康问题，只关注农产品好看的外表以及低廉的价格。没有健康的消费，就没有健康的生产，由于消费者的意识层面较低，习惯了享受食物低价带来的好处，不可能花费更多钱购买农民的健康生产服务，农民自然也无法进行健康的生产，如此恶性循环，食品安全问题越来越严重。

## 二、城乡互助农业实践发展历程

在每一个社会问题面前，总有一些清醒的直面问题的人，他们

---

① 周立、方平：《多元理性："一家两制"与食品安全社会自我保护的行为动因》，《中国农业大学学报（社会科学版）》2015 年第 3 期。

在问题萌芽阶段就能比一般人更早地嗅到苗头，更重要的是，他们不会任由问题发展下去，而是自觉地参与到问题的解决中。2003年翟城试验区开始着手推动生态农业，并且在一定程度上引领了生态农业的发展方向。同一时期，也有环保实践者开始认识到环境问题的一个重要面向是农业问题，乃从农业生产角度关注环境问题。但生态农业真正成为社会广泛关注的领域，各路人马纷纷进军这一领域，还是在"三聚氰胺"事件爆发以后。不管是环保主义者，还是家庭主妇，或是企业老板、返乡青年、在地农民，他们以生态农业为武器，对食品安全问题说"不"，同时也对城市生活对人性的抑制说"不"。他们或在生态农业生产第一线，或只是生态农产品的消费者，他们共同参与了一种新的农业形式，即城乡互助农业。用卡尔·波兰尼（Karl Polanyi）的理论来说，这种农业形式是一种社会自我保护运动，是生产者和消费者携手参与的生态运动。

## （一）从翟城试验区到小毛驴市民农园再到分享收获农场

如前所述，翟城试验区在创办之初即把推动农业的生态转型作为其目标之一，但第一年在驻地外的生态种植并不是很理想，想要转型的土地过多而人手和经验都不足，于是开始专注驻地院内的20亩地。2004年暑期，乡建组织招聘了第一个大学毕业生全职参与乡建组织的生态农业工作，这个学生叫黄志友，他毕业于西北农林科技大学，对环保情有独钟，对农业的生态转型自然是一点就通。同年冬天，又来了一位贵州六盘水的龙老师，他原来是教化学和生物的，对农业也有浓厚的兴趣。在他和黄志友两人的操持下，以及随后黄志友推荐本校的严晓辉和郝冠辉两位同学的加盟，将翟城试验区的生态农业工作室建立了起来。工作室在翟城期间开展的工作包括以下几个方面：一是负责管理院内的 20 亩耕地，二是进行相关的技术研究，三是面向社会和当地村民开展生态农业交流营活动。到 2007 年 4 月乡建组织撤离翟城村时，工作室的工作已渐入佳境，院内的 20 亩耕地得到了较大程度的改良，相关人员的经验也得到了较大的提升，生态农业的理念也在一定范围内传播开来，翟城部分村民对生态的认识也有所加强。乡建组织离开翟城村，在当时看来对生态农业工作是一种打击，一度使相关人员陷入萎靡状态。但在香港岭南大学刘健芝老师的支持鼓励下，这些撤离翟城村的工作人员得以在北京进行休整，并着手编辑乡建工作的相关资料。2008年春天，在温铁军老师的推动下，中国人民大学乡村建设中心与海淀区人民政府签订了一个共同推进市民农业的合作协议，小毛驴市民农园诞生了，初创人员有翟城生态农业工作室的原班人马，外加参与翟城试验区工作的袁清华和负责培训工作的潘家恩，学院原来养的被称为"教授"的小毛驴也被从河北运到了北京，成为农园的标志。小毛驴市民农园是生态农业工作的延续，但在初期也经历了许多困难，特别是在理念上与在地合作伙伴工业化农业思维的差异，以及社会对生态农业的认知不足造成的业务推动乏力。直到2009 年"三聚氰胺"事件爆发，此次事件对政府和社会进行了一场食品安全的教育，各大媒体因为温铁军的名人效应涌进小毛驴市民农园。当时，在人大读研究生的温铁军的学生石嫣和程存旺加盟小毛驴，石嫣此前曾在美国接触 CSA（社区互助农业）理念，这与乡建者一直以来倡导的生态农业发展理念不谋而合。在各大媒体的助推下，小毛驴市民农园成为国内 CSA 的首倡者和推动者，其业务也因之有了重大转机，一度其配送会员超过 1000 户，包地会员超过 500 户。2013 年后，石嫣和程存旺从小毛驴市民农园离开，在北京顺义区创办了分享收获农场，目前分享收获农场的配送会员也超过了 1000 户。

## （二）从大水牛市民农园到故乡农园

2011 年，江苏常州武进与中国人民大学可持续发展高等研究院签订合作协议，设立乡村建设武进试验区，其中发展市民农业项目成为试验区的内容之一，北京小毛驴市民农园派出程存旺主持这一项目，项目名为大水牛市民农园。该农园由嘉泽镇政府出资租用 300 亩土地，并提供农园建设的相关费用，程存旺作为合作方代表任农场总经理负责日常管理运营。但尽管有"三聚氰胺"事件以及随后的苏丹红、瘦肉精等食品安全事件的频频爆发，但社会对生态农业的认知仍然有限，而且北京这种一线城市的生态市场要比常州这种三线城市的大很多，另外小毛驴市民农园之所以能发展起来，其中一个重要因素是食品安全事件和名人效应吸引了几百家媒体，为其节省了巨大的市场营销成本。但大水牛市民农园以及随后的故乡农园都不再有这样的机会，所以也就不可能复制小毛驴市民农园的"成功"模式，最后只能在市场面前败退下来。2012 年，福建正荣公益基金会与中国人民大学乡村建设中心合作，在福州郊区仿照小毛驴的模式创办了故乡农园，耕地面积达到 200 亩。在故乡农园，举办者把 CSA 翻译为"社区互助农业"，认为市民购买生态农产品不是一个支持的概念，而是一个互助的概念，是市民和生态小农的互帮互助，共同改善生态环境和食品安全。但正如我们前面分析的市场原因，再加上故乡农园的土地属于梯田，耕作成本更高，且水渠年久失修，用水不畅，以及公司化模式造成人力成本过高，故乡农园在运营两年后即转型为生态农业创业园模式，由基金会出资租用土地，邀请不同类型的生态从业者参与，包括自然教育机构、生态养殖户、生态种植户，以及想过自给自足生活的社群。但从目前来看，大部分农田仍在荒废中，相关业态并没有很好地运作起来。

类似大水牛农园和故乡农园的 CSA 农业模式的农园，2010 年以后在全国不同地方发展起来，很有雨后春笋之势，但遗憾的是，这是一种前仆后继式的发展，很多人满怀热情地投身到生态农业创业中，但不幸大多成了"牺牲品"，只有少数的人能够坚持下来，苦苦支撑。"做农业是需要勇气的，做生态农业是需要信念的"这句话确实在理。

## 三、中国生态农业发展的忧思

尽管农业的生态化转型正在成为中国农业发展的一个新方向，但其转型难度却相当大。正如 CSA 论坛上部分学者指出的，十几年来全国各地的 CSA 农场耕地的总面积加起来不足十万亩，只相当于半个县的耕地规模，也就是说真正得到保护的耕地是非常有限的。当然，CSA 只是生态农业发展的一种模式，但即使把其他各种模式改良的耕地统计进来，真正实现了生态化转型的土地也不足 1000 万亩，以中国 18 亿亩耕地来计算，也还是一个零头。所谓路漫漫其修远兮，中国生态农业的发展还有很长很艰难的路要走。

## （一）绿色≠生态

从 2007 年生态文明概念的提出，2008 年两型农业的强调，到 2012 年生态文明上升为国家战略，2017 年生态文明成为国家千年发展大计，同时乡村振兴成为国家战略，国家层面上似乎已经形成了一种生态大势。但遗憾的是，一些政府官员的思维中仍然带着强烈的工业思维，缺少生态思维。我国以占世界耕地总面积 8% 的耕地面积，消耗了世界上 35% 的化肥[①]。以福建生态省建设为例，2000 年习近平同志任福建省省长时提出生态省建设战略，如今已过去二十多个年头，2014 年福建省成为第一个国家级的生态文明建设示范省，并以全国森林覆盖率最高而自豪。但根据 2019 年的统计，福建省的农药化肥施用量是全国平均水平的 3.82 倍，是美国的 18.33 倍。这是什么原因？按道理来说，福建多山，总体耕地面积小，农药化肥的施用量应该更小才对。但仔细一想，也不奇怪，如果把福建种植各种经济作物的山地面积计算在内，它的实际耕地面积可能并不小，比如漳州有将近 500 万亩的桉树林，永安的竹林面积也有将近 300 万亩，还有像安溪的铁观音种植、平和的蜜柚种植、永春的芦柑种植、永泰的李梅种植，等等，也大多在山上。放眼一看，满眼的绿色，但很多经济作物的种植，都是以农药、化肥、除草剂为保障的。生态建设却缺乏农林业生态的概念，这是我国生态农业发展面临的一大问题。

---

① 《肥越用越多　地越吃越馋——我国化肥使用量占全球三成凸显"肥"之烦恼》，中国政府网 2015 年 3 月 17 日，见 www.gov.cn/xinwen/2015 - 03/17/content_ 2835486.html。

## （二）农民生态意识薄弱

改革开放以后的农业发展中，农民是不断被边缘化的，市场听不到他们的声音，技术也不关他们的事。在这个过程中，农民失去了种子，失去了属于自己的农业技术，只能被动地接受各种不能育种的种子，接受会污染自己土地的各种农药、化肥、除草剂，接受会污染消费者餐桌的各种饲料、抗生素。在这个过程中，农民失去了自己，甚至将灵魂也让渡给了利益。农民不再有自己的主体性，这是市场作用的结果，也是农村长期以来精神缺失的必然。为什么我们的农药化肥施用量会是国外的好几倍？一方面原因是如上所说的政府缺位，另一方面原因也是农民的精神缺位和知识缺位，农民不再是农业知识生产的主体，只能根据习惯和别人的行为盲目跟风，别人打农药了，自己也要打，等等。据农业部的数据，"我国水稻、玉米、小麦三大粮食作物氮肥、磷肥和钾肥当季平均利用率分别为33%、24%、42%。其中，小麦氮肥、磷肥、钾肥利用率分别为 32%、19%、44%；水稻氮肥、磷肥、钾肥利用率分别为35%、25%、41%；玉米氮肥、磷肥、钾肥利用率分别为 32%、25%、43%"。[1] 单位面积农药使用量是世界平均水平的 2.5 倍，每年使用约 175 万吨农药，但农药利用率却小于 20%。

---

① 摘自《中国三大粮食作物肥料利用率研究报告》。

## 第 五 节

## 工农社区大学：以教育创新和文化权利为视野

社区大学这个概念是笔者最早在翟城试验的时候听说的，当时我们接待了一批从台湾地区来的访问者，他们在介绍岛内社会运动的时候提到了 20 世纪 90 年代末开始的社区大学运动。因为笔者本人最早参与乡村建设，是受晏阳初、陶行知等民国平民教育运动推动者的感召，对教育情有独钟，意欲推动新时期的平民教育，而社区大学这个概念正好成了一个很好的抓手。所以当笔者 2006 年到海南儋州筹建新农村建设试验区的时候，就以社区大学这个概念与当地政府探讨新农村建设中的教育创新问题，并且得到了政府的认可，在海南成立了全国第一所农村社区大学。2007 年笔者回到福建，在厦门工业区开始推动工人的教育事业，也同样用了工友社区大学的名称。此后随着乡建工作的展开，笔者又分别在龙岩培田和莆田汀塘创办了农村社区大学，在江西南昌大湖社区创办了城市社区大学。这些社区大学的创办都是作为一种手段，目标在于推动"三平主义"和"三民主义"的新时期平民教育。

## 一、"三平主义"与"三民主义"

"三平主义"和"三民主义"是对"平等的新民教育、公平的民生教育、和平的民权教育"的简括。新民教育理念来自民国时期，主要来自晏阳初领导的中华平民教育促进会在定县试验中践行的"除文盲，作新民"理念。晏阳初提出新民之所以"新"，乃在于人们具备了四种力量：知识力、生产力、健康力、团结力。新时期平民教育的新民，借鉴晏阳初的"四力"说，提出"新四力"，即学习力、合作力、公共力、生态力。具备这四种力量的人，可以称为新时代的"新民"。平等的新民教育，就是要培养人们的这四种力量。平等，意即不分贫富贵贱，受教育高低，都有义务和权利接受新民教育，比如一个大学教授缺少生态意识，他（她）就需要重点进行生态力的培养；公平的民生教育，主要从教育机会公平的角度进行理解，意即每一个人都有权利得到其可持续生活所需要的基础教育、职业教育、技能训练；和平的民权教育，从公民教育的角度，培养人们的权利意识和义务观念，使人能享其应享之权利，尽其应尽之义务。平等、公平、和平，也是新时期平民教育追求的目标和价值，一个平等、公平、和平的世界，也是对每一个受过新民教育、民生教育、民权教育的人的祝福。

## 二、工友之家

在新乡村建设运动起步的时候，大多数人的目光集中在了中国广阔的乡野，以孙恒为代表的另一部分人则将目光投注在了进城务工人员身上，开始是以打工青年艺术团为出发点，而后有工友之家、工人子女学校、打工博物馆、工人大学、工友春晚，等等。这些工作的核心点在于推动形成进城务工人员的文化表达，工友之家从写工人的歌、唱工人的歌、为工人唱歌开始，以首都机场附近的皮村为根据地，逐步将其服务领域扩展至工人生产生活的各个方面，从工人的职业技能训练、文化学习到工人子女教育、开办二手衣服店，再到工人文化倡导，等等。从2002年的勉力坚持开始到现在，逐步形成了一个较大的社会志愿者网络。工友之家以"为劳动者歌唱"为切入点，倡导劳动文化，强调劳动者的主体地位，这也可以说是一种社会的自我保护运动，是不使我们向着极端方面滑落的一种努力。也正因为这一点，工友之家的努力就显得更有价值。

## 三、工友社区大学

2007年，笔者在海南创办了石屋农村社区大学后回到福建，在厦门工业区里的城中村创办了福建的第一所工友之家，名为"国仁工友之家"，也叫"国仁工友社区大学"，主要以"为工友提供免费的技能和人文教育"为切入点，谋求工友的教育和文化重建问题。工友社区大学提出"使无力者有力，有力者有爱"的口号，借鉴台湾地区社区大学的课程分类，开设补习类、技能类、人文类和小组类这四种类型的课程，更成立工友发展委员会来谋求工友的自主服务和自主管理。其工作的具体呈现，除了各类课程的开设外，还包括国仁讲坛和各类兴趣小组的组织，这些兴趣小组包括社会信息小组、戏剧小组、返乡创业小组（生态农业小组）、义工小组等。以下我们从《松土者——福建新乡村建设发展报告》摘取部分内容对工友社区大学的相关工作予以简要呈现。

### （一）国仁讲坛

在工友之家关于工友发展的工作定位中有四个方面：一是工友个人发展能力，二是工友合作意识与组织能力，三是工友参与公共事务的能力，四是工友的视野拓展。国仁讲坛在工友社区大学成立后的第二周即开始运行，其目的主要是发展工友个人能力与拓展视野层面，也包括吸引更多工友和志愿者参与。实际上，讲坛与兴趣小组一样，是工友社区大学的不同课堂形式。讲坛的内容又可以分为以下几个方面：一是工友生活品质提升类，包括婚恋与家庭、健康养生、心理素养等；二是职场人生类，包括人际交往礼仪、有效沟通艺术、市场营销与管理、读书与人生等；三是思想文化类，包括传统文化导读、亲子教育、中西文化比较等。

具体的，我们可以从以下的这些讲坛题目看出端倪，如"砭石刮痧疗法""药物的合理利用""我的爱情观""确定目标实现理想""边打工边读大学""华夏传统文化与古经古字的关系""毛泽东留给中国的遗产""如何增强自己的实力""好好谈恋爱""做人与做事""保护动物"等。

讲坛的志愿者来自社会各界，既有厦门周边大学的教授，也有来自工厂一线的工友、企业经营者、社会公益志愿者等。最初，这些志愿者来自笔者和同事高玉华在厦门本地认识的同学或朋友，之后随着工友之家志愿者范围的扩展，来讲坛的志愿者也多样起来。但是由于这些社会志愿者的知识系统很多时候与工友的知识系统并不在一个频道上，特别是遇到一些与工友的生产生活没有直接关系的题目时，老师讲起来枯燥，工友听起来没味，很影响讲坛的吸引力。另外，这些外来的知识提供者尤其是一些企业经营者，他们往往会把讲坛变成一场成功学的讲座，这与工友之家秉持的社会主义价值理念是有出入的。实际上，这是工友之家一个很大的无奈，工友之家要依托众多的社会志愿者开展工作，而这些志愿者很难承担起社会主义文化重塑的任务，没有社会主义，工友的自由和尊严就无从谈起。如何在工友自己的知识系统内形成改变工人阶级命运的力量，这是工友之家需要认真思考的。其努力之一，是社会信息小组的建立。

## （二）社会信息小组

以自己的眼睛看世界，这是社会信息小组的立意。不需要外来的知识，只是工友之间的知识流动，在这种流动中创造出新的知识。工友之家关于社会信息小组的说明，其中提到：通过选取与工友息息相关的话题、热点，进行分析讨论，以期提高大家认识、分析、解决问题的能力，达到"发现社会问题——寻求解决方案——改变社会问题"的目的。社会信息小组除了以聊天会这种形式为主外，还有社区服务、剪报贴报等形式。

在社会信息小组的聊天议题中，我们可以看到一些题目："地沟油与转基因食品""人民币升值和我们的关系""一次性餐具的卫生安全""用工荒现象分析""直销与传销的区别""法律知识有奖竞答""根据工友个案的拆迁问题讨论"等。很显然，这些题目都是当时的热点，并且大部分可以在工友的生产生活中找到对应的案例，也因此能使讨论更有趣味和针对性。工友之家没有做关于该小组的反馈报告，但从该小组参与的一个工友公共利益的维护案例中，我们可以看到这个小组的生命力。

通过一位曾在电业局上班的志愿者丁勇，信息小组了解到城中村房东向工友收取的电费每度电比城市社区高了 0.5 元。以安兜这个城中村为例，将近五万的外来工友，以他们平均每天消耗一度电为例，房东们从他们身上额外赚走的钱每天就达 2.5 万元，一个月就是75 万元。如果这些钱用在城中村的公共服务上，那么何愁工友不能享受更好的公共服务呢，而且关键是，这本来就应该是工友自己的钱。

一般工友会认为这只是区区 0.5 元的事，没有必要去计较，而且政府肯定是不会理的。信息小组经过多次的聊天讨论，其意识层面已经有了公共利益的概念，而这次丁勇带来的事关工友自身利益的信息，正是检验这个小组是否能由意识提升转变成行动能力的时候。信息小组专门就此议题展开了一次开放式的聊天会，大家一致认为必须有所行动。

第一步，他们想到了网络媒体，通过在厦门本地的社交网站发帖，让更多公众了解城中村的电费问题，希望借此形成公共舆论。

第二步，他们主动联系厦门本地的纸媒，其中有若干记者以前采访过工友之家，可以通过他们就此议题进行采访报道。

第三步，拨打市长热线，大家轮流打，反映同一个问题。同时向电业局等业务主管部门反映问题。

这次行动持续了将近半年，仍然无疾而终。这里有很多历史遗留问题，牵一发而动全身，厦门那么多城中村，如果调整电价，要触动很多人的利益，会引发不必要的社会矛盾。当然，这一工作没有继续推动的原因，具体的，我们来听听工友自己的总结：

"过于想当然了，以为这是板上钉钉的事，理百分之百在我们这儿，没有想这里面还有复杂的利益关系；

"行动中还是缺少章法，大家乱打一气，行动的组织不够；

"大家的意识层面还是'小我'的成分多，所以行动力也就不足，抱着能推动就推动的心态。"

后来，信息小组的聊天会不知什么原因就没有进行下去了，但小组成员仍会参加工友之家的其他活动。在最近的一次关于请政府支持工友之家继续在安兜提供服务的行动中，小组成员再一次发挥了重要作用，他们通过拨打市长热线、在网络媒体上呼吁，等等。这一次，他们成功了，当地街道决定购买工友之家的服务。①

信息小组在本质上是一个兴趣小组，其主要目的是提升工友的社会意识及参与公共事务的能力，并没有组织化的目标，加之工友的流动性很大，所以也就没有什么组织力，这是信息小组在进行具体的公共行动时缺少力量的主要原因。但无论如何，社会信息小组

---

① 此处的"最近"已是三年前的事了，工友之家又勉力维持了一段时间后，因政府和基金不再支持而转型为社工机构和纯粹为工友子女提供图书阅览服务的城中村图书室，过去工友社区大学主要针对工友本身开展的相关服务和文化倡导工作停顿下来。

在激发工友的公共心方面还是有其独到的作用的。当然，小组参与的人不会很多，每次参加议题讨论的人员大多是老面孔，而且受限于工友知识面较窄，又缺少外部专业而健康的知识参与，使得有些议题的讨论无法深入，有时候讨论会变成纯粹的宣泄和抱怨，这也会影响其他工友的参与积极性。

以上，通过国仁讲坛和社会信息小组这两个方面的组织工作对工友社区大学的工作予以一定程度的呈现，其着眼点是工友的再教育问题，但核心点则是知识的再造问题。如果工友的再教育仍然是在资本知识的主导下进行的，则宁愿没有这种教育才好，因为这只会使工友越来越成为资本的奴仆而已。工友社区大学本着通过教育谋求工友的进一步解放的目的，自然首先要考虑的是如何把知识从资本的牢笼里解放出来。但这是何其艰巨的工作，知识的再造需要尚未被资本奴役的知识分子与工人相结合，需要这些知识分子放低身段，愿意生活在工人中间，与工人一起生产出具有工人文化和权力视野的知识。但这样的知识分子只能用凤毛麟角来形容，是我们这个社会的稀缺物种，所以我们更多的希望仍然寄托在工友自己身上，他们要成为新知识的主要生产者，工友社区大学各类小组的组织可以说是这种努力的一种体现。

## 四、农村社区大学

从海南石屋农村社区大学开始，笔者陆续又参与创办了福田、培田、汀塘、岵山等不同地域的社区大学，有的以乡镇命名，有的以村庄命名；有的以社会主义新农村建设为背景，有的以美丽乡村建设为背景，也有的以乡村振兴为背景，其共同点都是着眼于新乡村建设的教育创新。以下以培田社区大学为例，对农村社区大学的工作进行简单的呈现，更详细的阐述可以参考《互助型社会——在地化知识与平民教育创新》的培田案例部分。

培田社区大学于 2010 年春夏之交开始筹备，2011 年年初正式成立，其定位为"以教育和客家文化的发掘传播为切入点，改善当地的教育文化环境，发展以客家文化为主题的旅游经济，建立培田可持续发展的合作经济和合作文化基础"①。这个定位是社区大学的几个合作举办机构与培田的几位乡贤共同讨论出来的②，当然，在实际工作中会有所调整。社区大学的具体工作有些是根据过往乡村建设的经验进行设计的，有些则是根据当地的特殊需求或乡村建设者新的认识展开的。前者包括夏令营的举办、图书室的建立、文艺队的组建、合作社的推动等方面，可以说是新乡村建设的"三板斧"；后者包括春耕节的举办、老人公益食堂的举办以及乡土文化复兴论坛的举办等。第一届培田春耕节和乡土文化复兴论坛是在 2012 年开始举办的，对于新乡村建设推动者来说，此前对乡土文化在新乡村建设中的位置并没有特别明晰的认识，之所以会在培田举办相关的活动：一方面是培田这个有着八百年历史的古村落有其特别的气场，给了乡村建设者不一样的启发；另一方面是生态文明作为国家战略得到了进一步的强调，乡村建设者开始思考生态文明时代的文化基础问题，并逐步认识到面向生态文明时代的乡村建设的

---

① 邱建生：《培田客家社区大学发展计划书》，内部资料。

② 这几个机构分别是：21 世纪教育研究院、北京西部阳光农村教育发展基金会、北京晏阳初平民教育发展中心、中国人民大学乡村建设中心；几位乡贤主要是吴美熙老师、吴来星老师等。

首要任务是进行乡土文化的重建，用笔者的一句话来说就是"在钢筋水泥的城市森林里是长不出生态之花的，只有在广袤的田野，生态之花才能遍地开放"。当然，这样说有点绝对，但乡土文化作为生态文明时代的文化基础是没有疑义的。在第二届培田春耕节的背景介绍中，乡村建设者如此来表达自己的认识。

"在 2008 年金融危机之后，世界进入文明大转型，中国进入发展大转型的十字路口。随着生态文明的兴起，我们迫切需要全面地重新看待中国乡村文明的历史价值和时代价值，重新评价'发展'的真实代价和真正意义，重新构筑和谐的城乡关系。乡村的稳定和繁荣，不仅是应对全球危机、实现软着陆的巨大保障，更是中华民族能否真正实现伟大复兴的历史大检阅。"[①]

春耕节的具体呈现形式，包括开幕仪式中的祭拜土地、各种文艺表演、插秧比赛，乡土影像、书画、农业等各种展览，培田乡土文化之旅如小吃节、农夫市集、农民运动会，同时以乡土文化复兴为主题举办各式论坛，相关议题包括"乡村教育与乡村发展""文艺、媒介与乡土社会""地方知识与乡村文明的前景""生态农业、农民合作与乡村建设"等。

农村社区大学是乡村建设教育创新的一个载体，我们看到其最初呈现出来的形态并不是一个个课程，一方面因为社区大学并不等于我们想象中的课堂，它不是围墙内的大学，而是田间地头的大学，它是大教育范畴里的大学，其课程蕴含在各种活动的组织中，在各项服务社区的组织工作中；另一方面，由于乡村长期以来缺少

---

① 《"第二届培田春耕节暨首届海峡乡村文明发展论坛"活动背景》，培田社区大学资料，2013 年。

相关的社会服务，缺少相应的组织建设，社区大学需要面对乡村长期以来形成的各种问题，需要协助村民解决这些问题，所以它首先是一个社区发展机构，其次才可能是一个纯粹的教育机构。和工友社区大学的发展困境类似，农村社区大学也很难突破适合乡土的知识生产的问题，乡村人才更加稀缺，愿意到乡村与农民为伍的知识分子更少，并且乡村以老弱妇孺为主，青壮年大都外出务工了，即使完成了相应的知识生产，其课堂也不容易组织起来。由此看来，新乡村建设的教育创新基础实际上是很脆弱的，因为教育创新的基础是知识创新。

▲

# 第 六 节
## 社会倡导与平台建设：论坛作为手段

新乡村建设的开启实际上是从举办论坛开始的，2001—2002年，以中国改革杂志社为依托，各种与"三农"问题和乡村建设相关的论坛（沙龙）开始逐步举办起来。最初的议题以民国乡村建设的推介为主，很多人第一次通过论坛了解了民国的乡村建设运动，这当中有不少的青年大学生，在他们过去的历史教育中，民国的这一社会改良运动几乎是一片空白的。当这些青年学生在面对新时期的"三农"问题时，其可以从历史上吸取的解决问题的实践资源只能是"革命斗争"，但很显然，这在现实中是不可能，而且是很危险的，这就注定了这些怀揣理想主义的青年学生无路可走。最初的乡村建设论坛拓展了这些青年学生的历史视野，让他们找到了理想的出路，原来历史上还有那么丰富的解决"三农"问题的思想和实践资源，而且不仅只有"革命"一途。可以说，新乡村建设启动之初的各种论坛起到的作用主要是思想启蒙，之后随着实践的展开，各种专题论坛纷纷举办起来，此时的论坛主要起着社会倡导和抱团取暖的作用，这些论坛包括合作社论坛、生态农业论坛、平民教育论坛、爱故乡论坛、南南论坛等，这些论坛的举办进一步拓展了新乡村建设的社会影响，使新乡村建设的理念得到更广泛的传播和践行。

## 一、合作社论坛

组织创新作为新乡村建设的第一大任务，在新乡村建设开始启动时即提上日程。2002 年，作为早期的推动者，刘老石和笔者就参加了由工合国际委员会举办的若干次合作社培训，在随后的大学生支农调研培训中，合作社的相关理念就已成为课程内容之一。此后，开始是翟城试验区，紧接着是梁漱溟乡村建设中心，都把培养合作社骨干人才作为其工作的主要内容。这些经过培养的合作社人才在其家乡推动合作社的建立，到 2010 年，全国各地在新乡村建设运动的推动下建立起来的合作社已成百上千个，再加上此前包括工合国际委员会等机构推动建立的合作社，按照国际合作社原则进行组建的合作社已有一定的数量，以合作社为主题的论坛也就呼之欲出了。2010 年冬天，第一届合作社论坛在北京的中国人民大学召开，100 多人参会，参会者以学者、合作社实践者和大学生志愿者为主，也有若干地方干部参会。本届论坛共设计了四个分论坛，分别是"合作社的联合与综合农协""合作社农产品流通、品牌与技术""农村金融与信用合作""城乡互动与生态发展"。同时，论坛还举行了北京梁漱溟乡村建设中心农民合作事业调研试验基地的授牌仪式，此后每届合作社论坛基本也是这种形式，参与人数逐年扩大，最多的时候达到四五百人。学者的面孔变化不大，但合作社实践者和大学生志愿者的面孔会逐年有所变化，论坛的议题围绕合作社实践的最新发展情况和国家最新的"三农"政策进行设计，逐年丰富。截至2018年，全国合作社论坛共举办了七届，总共有来自国内外的近700人次的发言嘉宾、5000人次的乡村建设的实践者与研究者以及近千个合作社参与了交流。通过这些论坛的举办，全国农民合作社实践与研究的经验得到交流、学术研究与智库平台初步建立，并且在一定程度上推动了合作社的政策变革，全国农民合作社行业发展规范也得到了推动。

## 二、乡村建设论坛

如前所述，乡村建设论坛是新乡村建设运动启动之初即开始的，最早是依托中国经济体制改革杂志社举办的。北京晏阳初平民教育发展中心在香港社区伙伴的支持下，将乡村建设论坛作为一个项目来执行。该项目自2004年开始，为期一年，共举办了六次。和专题论坛不同，乡村建设论坛是综合性的小型论坛，参与人数控制在四五十人，每次主题设计也会有侧重点，但主要还是围绕乡村建设的各个层面展开，以学者的最新研究成果为主，较少实践者参与，所以更倾向于学术性论坛，算是乡建学者的一个交流性平台。交流议题涉及广泛，包括乡村治理、乡村组织建设、生态农业、乡村教育、青年与乡建、乡土文化、乡建历史、乡村金融、乡村社会服务等。参与者则以青年学生和学者为主，大多来自北京各高校。

表3-1 历届全国农民合作社论坛基本情况一览①

| 届数 | 时间 | 地点 | 主题 | 分论坛 | 规模 |
|---|---|---|---|---|---|
| 1 | 2010年12月6—8日 | 北京 | 农民合作社可持续发展 | 合作社的联合与综合农协，合作社农产品流通、品牌与技术，农村金融与信用合作，城乡互动与生态发展。 | 约150人（参与机构约80个） |
| 2 | 2011年12月26—27日 | 北京 | 全国农民合作组织网络建设 | 合作社联合、网络建设与综合合作，青年人参与农村合作经济发展，农村金融与农民资金互助，合作消费与城乡互助网络。 | 约200人（参与机构约100个） |
| 3 | 2013年1月14—15日 | 北京 | 生态农村、综合合作 | 农村生态社区建设与可持续发展，青年返乡与社区使命，农村组织综合合作与乡村治理，农村合作金融，国际合作社经验与中国合作社发展。 | 约200人（参与机构约100个） |
| 4 | 2013年12月20—21日 | 北京 | 乡土情、家园梦 | 爱故乡研讨会，青年返乡路径中的生态家园探索，合作的传统与创新在农村社区建设中的功能，食物主权与可持续地方化探索，生态农业互助网络再出发——信任体系重构。 | 约200人（参与机构约100个） |

① 笔者根据北京梁漱溟乡村建设中心提供资料制表。

（续表）

| 届数 | 时间 | 地点 | 主题 | 分论坛 | 规模 |
|---|---|---|---|---|---|
| 5 | 2014年12月20—21日 | 北京 | 农民合作社行业自律 | 合作社行业规范发展自律倡导，成人教育助推乡村综合发展，生产者与消费者就生产风险与食品安全的对话，现代科技与农村土地改革知识的融合与对话，传统种子保育与农业生物多样性，农村土地改革创制创新与农民权益保护。 | 约300人（参与机构约150个） |
| 6 | 2016年3月26—27日 | 成都 | 合作社与社会农业 | 参与式保障体系如何助力小农户与合作社，小农户与合作社在农产品流通中的机遇和挑战，合作社在开发农业多功能中的角色和作用，食物体系反思，食农教育与食物体系再构，农村改革最新议题与合作社法修订。 | 约400人（参与机构约150个） |
| 7 | 2017年3月26—27日 | 成都 | 国际慢食全球大会，合作社与社会农业 | 合作共同体与团结经济，乡土记忆与文化传承，返乡青年创业与创意，生态保护与乡村生活美学，土食材与美食。 | 约1000人（参与机构约500个） |

## 三、平民教育论坛

参与新乡村建设运动的各色人等，其出发点很多是不同的。笔者的出发点是教育，期待通过谋求教育的变革创造中国的新生命。所以以晏阳初在民国时期推动的平民教育运动为榜样，笔者牵头成立了北京晏阳初平民教育发展中心，致力于推动新时期的平民教育。2009 年 11 月第一届平民教育论坛在北京中国人民大学召开，会议邀请了中国滋根乡村教育促进会、安徽休宁平民学校、厦门国仁工友之家等机构参与分享各自在乡村或城中村推动的平民教育项目。此后平民教育论坛又分别在厦门、福州举办了两次，每次参会人数都在四十人左右，十余个相关领域的机构进行案例分享，若干研究者点评。

## 四、爱故乡大会

2012 年爱故乡计划最早在福建启动后，得到了各地乡建同人的响应，这一计划也很快成为全国性的运动，特别是 2014 年开始启动的全国爱故乡年度人物评选活动，进一步拓展了新乡村建设的视野。全国爱故乡大会开始于 2013 年，与全国第四届合作社大会一起在北京农展馆举办。截至目前，爱故乡大会共举办了七届，每年一届，前后共有 2000 余人参会，来自全国 26 个省（市、区）的230 多位一线乡建工作者和研究者围绕生态保育、文化传承、人才培养、组织创新、教育创新、产业振兴、社区建设等议题，在爱故乡论坛上分享了他们的实践经验，促进了在地乡村建设试验的展开和本地乡村建设力量的成长。

## 五、生态农业论坛

如前所述，在翟城试验区的生态农业团队撤离后到了北京，并创办了小毛驴市民农园，以农园为依托，推广社区互助农业（CSA）。2008 年"三聚氰胺"事件后，食品安全问题成为社会热点，不少市民开始参与生态农业，加之此前翟城试验区和梁漱溟乡村建设中心的相关培训中有较多涉及生态农业部分，各地合作社在进行农业生产时开始有了生态意识。但生态农业要如何推动，涉及技术、市场、消费者教育等方方面面的问题，各地生态农业推动者迫切需要进行相关方面的交流，生态农业论坛呼之欲出。2010 年年初，第一届全国社区互助农业（CSA）论坛在北京举行。论坛由中国人民大学乡村建设中心和国仁城乡（北京）科技发展中心（小毛驴市民农园）发起，后推动成立社会生态农业 CSA 联盟，并由联盟主办，每年举办一次。至 2019 年，在北京、上海、福州、丽水莲都、贵州铜仁、四川成都、广东肇庆共举办了十一届，来自国内外的近 1000 名发言嘉宾、8000 名生态农业实践者与研究者和 1200 个农业实践团体参与交流，取得了良好效果，为推动社会创新和可持续农业（社会化农业）的发展起到重要作用。

表 3-2　历届爱故乡大会情况一览①

| 届次 | 时间 | 地点 | 主题 | 议题 | 规模 |
|---|---|---|---|---|---|
| 1 | 2013 年 12 月 20—21 日（与第四届全国县域合作社论坛同步） | 北京 | 发现故乡之美 | 1. 表彰 "2013 爱故乡——发现故乡之美" 图文征集公益活动的 60 名获奖代表；2. 举办主题为 "发现" 的 "2013 爱故乡——发现故乡之美" 获奖代表座谈会；3. 举办首届爱故乡研讨会（议题："乡土中国"、"乡土行动"）。 | 约 200 人 |
| 2 | 2014 年 12 月 5—6 日（与第六届 CSA 大会同步） | 福州 | "家园梦·乡土行" 暨 2014 年爱故乡年度人物颁奖典礼 | 1. 表彰 15 位 "2014 爱故乡年度人物"；2. 举办 "2014 爱故乡年度人物" 故事分享会（主题："乡土文化的活化传承" 新乡贤、新乡村"、"新青年、新故乡"）；3. 举办第二届中国 "爱故乡" 论坛（议题："乡村文化的新生" "青年返乡与家乡建设"）；4. 举行 "爱故乡·大地民谣音乐会"。 | 约 300 人（约 150 个机构） |

———————

① 笔者根据北京爱故乡文化发展中心提供的资料制表。

（续表）

| 届次 | 时间 | 地点 | 主题 | 议题 | 规模 |
|---|---|---|---|---|---|
| 3 | 2015 年 12 月 19—20 日 | 北京 | "寻根乡土、再造故乡"暨 2015 年度爱故乡年度人物颁奖典礼 | 1. 表彰 15 位 "2015 爱故乡年度人物"；2. 举办 "2015 爱故乡土博物馆""乡土文学与教育""社区发展""文化遗产保护""环保与中医""乡土博物馆"论坛（议题："故乡文化——在地化知识的构建""乡土文明发展"）；3. 举办第三届 "爱故乡"论坛（议题："爱故乡文化——乡土文化保护与社区经济建设"）；4. 举行 "故乡情怀——乡愁·爱故乡""故乡心语——我对故乡说"图文展；5. 策划组织了 "爱故乡平台建设"联欢晚会；6. 会后参观海淀小毛驴市民农园，昌平注里博物馆，朝阳打工文化艺术博物馆。 | 约 300 人（约 100 个机构） |
| 4 | 2016 年 12 月 30—31 日 | 北京 | "情归故里，共建家乡"暨 2016 年度爱故乡年度人物颁奖典礼 | 1. 表彰 15 位 "2016 爱故乡年度人物"；2. 举办 "2016 爱故乡年度人物"（主题："平民教育""生态社区建设""生态农业与环境保护""文化遗产保护""民间文学"）；3. 举办第四届 "爱故乡"论坛（议题："留住乡土文化的根——乡土博物馆的可持续运营""行动在大地——如何运作一个服务本土的爱乡平台""城乡共同运作为了共同的家园""爱故乡与在地文化复兴高峰论坛"）；4. 举办 "故乡之歌"民谣音乐会暨 "故乡之美"摄影展及 "乡土文化创意展"获奖作品汇报演出；5. "行走大地 爱在故乡——故乡之美"获奖作品展及 "乡土文化创意展"；6. 举办 "晏阳初乡村建设的重庆实验——中华平民教育促进会华西实验区历史档案"专题展览。 | 约 200 人（100 个机构） |

| 届次 | 时间 | 地点 | 主题 | 议题 | 规模 |
|---|---|---|---|---|---|
| 5 | 2018 年 1 月 6—7 日 | 福州 | "情归故里，共建家乡" 暨 2017 年度爱故乡年度人物颁奖典礼 | 1. 表彰 15 位 "2017 全国爱故乡年度人物"，6 位 "2017 福建爱故乡年度人物"；2. 举办 "2017 爱故乡年度人物" 故事分享会（主题："初心——发掘地域文化" "敬业——重塑工匠精神" "大爱——建设生态家园"）；3. 举办第五届爱故乡论坛（议题："爱土地——农业生态转型" "爱八闽——教育文化生态转型" "爱合作——'三位一体'合作系统构建" "爱八闽——大地之子" "福建'懂两爱'的三农工作队伍"）；4. 举办 "爱故乡·大地民谣音乐会暨 2017 爱故乡年度人物颁奖晚会" 及 "乡土文化创意展"。 | 约 200 人（约 100 个机构） |
| 6 | 2018 年 11 月 23—24 日 | 重庆 | "多彩乡村，全域振兴" 暨 2018 年度爱故乡年度人物颁奖典礼 | 1. 表彰 13 位 "2018 全国爱故乡人物" 和 4 位 "重庆爱故乡杰出贡献奖人物"；2. 举办 "2018 爱故乡人物" 故事分享会（主题："汇聚人心" "传承文化" "共建家乡"）；3. 举办第六届 "爱故乡" 论坛（议题："民族地区文化传承与创新" "乡土景观与三产融合" "基层治理与可持续发展" "新型集体经济与三产融合" "新时代·新文艺" "社会治理与企业的本土化探索" "生态乡村与全域旅游" "人才振兴与教育转型"）；4. 举办丰富多彩的延伸活动，包括：乡村振兴的历史先声——中国乡村建设百年探索展，爱故乡图文展，爱心公益市集，图书馆沙龙，第三届足荣村方言电影节爱故乡影像奖获奖影片《矮婆》展映及讨论会，讲座 "梁漱溟与中国乡村建设运动"，爱故乡 "知识返乡的可能"，重庆爱故乡沙龙 "看见书写的可能"，等等。 | 约 300 人（150 个机构） |

（续表）

| 届次 | 时间 | 地点 | 主题 | 议题 | 规模 |
|---|---|---|---|---|---|
| 7 | 2019 年 10 月 26—27 日 | 长沙 | "学雷锋，兴乡村"暨湖湘乡村振兴论坛 | 1. 主旨演讲——全国乡村振兴典型案例分享（8 个）；2. 举办三个分论坛（议题："党建引领乡村治理""集体经济三产融合""青年有为文旅发展"）和乡村振兴高峰论坛；3. 举办丰富多彩的延伸活动，包括：望城区乡村振兴示范点考察、立青会客厅——靖港小镇青年故事、小镇文化展、立青生活市集。 | 约 300 人（约 100 个机构） |

表 3-3　历届生态农业大会情况一览①

| 届次 | 时间 | 地点 | 主题 | 议题 | 规模 |
|---|---|---|---|---|---|
| 1 | 2010 年 1 月 8—9 日 | 北京 | 城乡互助 | 1. 筹备成立"市民农业 CSA 联盟"，为北京小农场集群奠定了基础，联盟成员成为北京有机农夫市集首批发起者；2. 产学研基地成果上报北京市委、得到北京市委书记批示，成为北京市农业政策调整的实践依据；3. 首届社区支持农业（CSA）大会，为 CSA 模式向全国范围的传播打开了窗口。 | 约 250 人（约 70 个机构） |

① 笔者根据社会化生态农业联盟（CSA 联盟）提供的资料制表。

| 届次 | 时间 | 地点 | 主题 | 议题 | 规模 |
|---|---|---|---|---|---|
| 2 | 2010年11月16—18日（本次会议与亚洲农民论坛同时举行） | 北京 | 城乡互动与可持续生活 | 1. 江苏常州武进综合实验区启动，大水牛市民农园，嘉泽姬山书院等项目在实验区依次开展，政府和高校合作方式再次创新；2. 赵汉珪地球村自然农业研究院自然农业试验基地揭牌，促成之后几期全国自然农业培训，自然农业技术开始在全国内流行；3. 推动消费者合作组织在全国内兴起；4. 举办第一届全国范围的农夫市集。 | 约300人（约150个机构） |
| 3 | 2011年10月6—8日 | 北京 | 新农夫·新城乡 | 1. 社区支持农业在全国流行，《分享收获》中文版发布，成为CSA小农场的经营指导手册；2. 举办第二届全国新农夫市集，农夫市集从北京蔓延到全国。 | 约450人（约220个参会机构） |
| 4 | 2012年11月30日至12月1日 | 北京 | 爱生活·爱故乡 | 1. 将"慢食"概念引入新农业；2. 筹备成立"生态农业互助网络"；3. 在全国范围内发起"爱故乡"活动；4. 国内农业社会企业开始兴起；5. PGS参与式保障体系成为新农业热门话题。 | 约500人（约270个参会单位） |

（续表）

| 届次 | 时间 | 地点 | 主题 | 议题 | 规模 |
|---|---|---|---|---|---|
| 5 | 2013 年 11 月 1—3 日 | 上海 | 新"三农"，大设计 | 1. 首次将全国 CSA 大会放到北京之外的城市举办，进一步扩大影响，突出跨界，拓展与创新，通过"新三农"联手"大设计"，从文化、社会层面深度探讨"三农"问题和城乡关系；2. 举行社会创新与可持续设计高等研究院—昆山产学研基地"揭牌仪式，进一步推动"三农"与"设计"领域的跨界合作和华东地区的 CSA 产学研共建。 | 约 400 人（约 200 个参会单位） |
| 6 | 2014 年 12 月 5—7 日 | 福州 | 新农业，新故乡 | 1. 首次将全国 CSA 大会办到省会城市，举办了"首届福州农夫市集"，揭牌成立"全国生态农业互助网络厦门快乐农夫市集试验点"，推动了东南部地区 CSA 的发展；2. 完成生态农业的国际理念（CSA）与本土化"乡村建设"的融合，正式推出"中国百年乡村建设"图片展和纪录片，策划组织了第一届"爱故乡生态文化节"。 | 约 300 人（约 150 个参会单位） |

（续表）

| 届次 | 时间 | 地点 | 主题 | 议题 | 规模 |
|---|---|---|---|---|---|
| 7 | 2015 年 11 月 19—21 日 | 北京 | 生态农业与乡村建设 | 1. 第一次在中国开的世界 CSA 大会，来了 78 位海外代表；国际 CSA 联盟发布了 CSA 宣言。2. 温铁军教授提出了农业 4.0 的社会生态发展模式。3. 会议的准备工作得到了中央领导的关注，汪洋副总理接见了两会主要筹办者石嫣博士并进行了两次批示。4. 中国乡村建设参与式保障体系（RRPGS）宣告成立。中国社会生态农业 CSA 联盟宣告成立。 | 约 800 人，其中国际嘉宾 80 人（约 300 个参会单位） |
| 8 | 2016 年 12 月 1—3 日 | 浙江丽水 | 中国智慧，养生农业 | 1. 中国 CSA 大会第一次在非中心城市召开，第一次将会址搬到了农村；2. 莲都区与中国人民大学签署长期合作协议，力图将生态农业人才引进莲都，推动莲都都经济发展和城市文明形象宣传；3. 在这次大会上，全国农业企业、合作社代表尤其是莲都区本地代表，共同见证社会生态农业 CSA 联盟代表中国生态农业加入联合国契约组织，实践契约组织所倡议的遵守人权、劳工标准，环境和反腐败四个领域十项原则；4.《四千年农夫》（修订版）发布；5. 中国社会生态农业 CSA 联盟正式注册，开始会员招募。 | 约 1000 人（约 300 个参会单位） |

（续表）

| 届次 | 时间 | 地点 | 主题 | 议题 | 规模 |
|---|---|---|---|---|---|
| 9 | 2017年12月29—31日 | 贵州铜仁 | 生态扶贫、乡村振兴 | 1. 中国CSA大会第一次在国家扶贫重点区域和革命老区召开；2. 碧江区与参会NGO组织签订长期合作协议，力图将生态农业人才引进碧江，招才引智；3. 在这次大会上，CSA联盟联合100位社会各界有识之士发起"有种有种"倡议，发布生态同行者计划。 | 约1000人（约300个参会单位） |
| 10 | 2018年12月13—14日 | 成都 | 乡村振兴、绿色发展 | 1. 大会为成都市实施乡村振兴推进城乡融合提供新方式，为城乡社区发展治理提供新模式；2. 成都市郫都区政府集中签订了多个生态农业产业重点项目；3. 有效汇聚了一批来自巴西、日本、泰国等10多个国家和地区的受邀领域权威专家学者。本届大会与会嘉宾达200余位专家学者；4. 社会生态农业CSA联盟与成都天府道绿道建设投资集团有限公司、成都市天府源品牌营销策划有限公司等机构签署战略合作协议，通过大会吸引几十亿投资落地成都市郫都区。 | 约1000人（约120个参会单位） |
| 11 | 2019年12月14—15日 | 广东省肇庆市 | 城乡融合、绿色发展、乡村振兴 | 1.《2019中国CSA（社区支持农业）行业报告发布》；2. 全国社会生态农业CSA省级产销合作社成立亮相。 | 约800人（约120个参会机构） |

这些论坛的举办对新乡村建设运动的推动起到了非常积极的作用，其功能主要包括以下几个方面：一是为新乡村建设的实践者提供了一个交流平台，他们既抱团取暖，又互相学习，通过论坛获得进一步实践的经验和信心；二是为"三农"问题研究者提供了一个交流平台，他们可以从论坛上了解最新的实践信息，和实践者交朋友，使他们的学术研究更加接地气，形成的理论成果也能更加切合乡村的实际；三是有效地传播了中央的"三农"政策，同时对相关政策的出台也起到一定作用；四是使新乡村建设的相关理念和实践经验得到了一定程度的传播。

▲

## 第 七 节
## 从乡村建设到爱故乡、生态文明建设

　　新乡村建设自 21 世纪初开始启动，到 2012 年已经形成了包括人才培养、组织建设、工友服务、生态农业、社区大学等内容的工作板块，也取得了一定的社会影响力。但终究也不免沦为少数知识分子的自娱自乐，在乡村建设的圈子里，这些工作似乎有声有色，但到了社会上，就像一颗小石子扔进大水塘，仅产生了一点波纹，然后一切照旧。少数知识分子和大学生与少数农民骨干的结合，在过去十年里并没有形成一股强大的社会运动力量，乡土文化进一步衰落，农民的原子化程度进一步加深，农业的工业化进程进一步加快，农村的衰败步伐并没有遇到些许的阻力。梁漱溟九十年前对当时乡村建设的无奈评价一样可以用在今天，少数知识分子和大学生动起来了，甚至一部分农民也动起来了，但整体而言，乡村是没有动的。

　　在发起爱故乡计划后，笔者再回过头去思考过去十年的新乡村建设，到现在仍然只是一种小圈子的运动，原因之一就是"乡村建设"自民国以来，一直都是属于小范围的知识分子在使用的概念，缺少统一战线的功能，更缺少社会动员的功能。尽管"爱故乡"这个词当时提出来有偶然性，但恰恰回应了新乡村建设经过十年沉潜，需要动员更广泛的社会力量参与进来的要求。当然，更主要的是时代发展使然，如果在十年前使用"爱故乡"概念进行社会动员，肯定也是应者寥寥。过度工业化和城市化发展的结果，使人们内心深处的孤独感越来越深，他们渴望回归，渴望在对故乡的爱里找到自我。2012年爱故乡计划的推动，可以说是新乡村建设运动的第二个阶段，也就是广泛的社会动员阶段。2017年，福建省永春县生态文明研究院的成立，则可以说是新乡村建设的第三个阶段，生态文明建设成为新乡村建设面向未来的战略。

## 一、爱故乡行动

2011年，福建正荣公益基金会①开始支持福建的新乡村建设工作，包括培田社区大学、厦门工友之家、莆田汀塘社区大学；到2012年年底，支持的项目扩展到北京晏阳初平民教育发展中心在其他省份的项目，包括江西大湖社区大学、山西祈县社区大学和天津工友之家；同时福建进一步拓展的项目，包括福州工友之家、故乡农园。为了便于进行项目管理，基金会建议统一使用一个名称来命名这些项目；正好厦门一个朋友在和我讨论日本故乡行动，想推动中国的故乡行动，于是请志愿者②协助建设故乡网站，他注册了

---

① 该基金会成立于2012年，其前身是福建正荣集团社会责任部。

② 这位志愿者叫李炳华，是中华三农慈善基金会的志愿者，基金会的秘书长闫迎春此前也有支持福建的新乡村建设项目，也参与了故乡行动的讨论。

"iguxiang.org"这个域名，我叫着叫着就把"爱故乡"这个名字叫出来了。我和基金会的伙伴都觉得这个名字好，于是就用"爱故乡计划"把相关项目装了进来。2013年后，基金会希望与全国其他新乡村建设机构展开进一步合作，于是"爱故乡"从福建走向全国，并发展为专门的项目；2013年启动"发现故乡之美"，2014年启动"爱故乡年度人物评选"活动，并且在北京成立了爱故乡项目秘书处，随后注册了北京爱故乡文化发展中心，聘请了四位全职工作人员，办公地点就设在北京小毛驴市民农园。由于正荣基金会的战略定位逐步转变为为其母公司正荣集团的房地产项目服务，其在农村的项目开始收缩，2015年以后爱故乡项目的支持单位变为北京施永青公益基金会，直到2019年；施永青基金会同时支持了河南、福建等地的爱故乡工作。

在爱故乡项目推动期间，笔者先后写了"爱故乡定位"和"爱故乡行动倡议"，大家可以由此加深对爱故乡工作的理解：

## 爱故乡定位

一、成为乡村土地、山川、河流的守护者，成为餐桌健康的守护者，倡导生态农业与美丽乡村建设，倡导生态的消费观念，保护故乡的生态环境；二、成为乡土文化的守护者，保护古村落、古建筑，更新、传承乡土文化，发展社区大学，推进乡土教育，保护故乡的人文环境；三、成为乡村手工经济的守护者，倡导公平贸易，保护传统手工技艺，推动农村合作组织建设，增加农民收入，增强乡村经济的自主性；四、成为城乡资源互动的平台，促进城乡之间在人才、资金、物资、物权等方面的有效对接和配置，推动乡村的资金互助事业，发展乡村的深度旅游，加强与社会各界的合作，激活社会的爱故乡力量；五、创造一种新的文化理想，其中西方的工业和科学可以被学习和效仿，同时可以发扬东方文化的精神优势。

## 爱故乡行动倡议

1. 在自己的家乡组织爱乡会，开展乡村建设工作；2. 在同乡间建立QQ群等网上"社区"，讨论家乡建设的相关议题；3. 保护一座老房子，或是一棵古树，由村民投票命名和参与保护；4. 动员起哪怕一次垃圾清理活动；5. 为家乡的孩子开展一次夏令营活动；6. 建立一个社区图书室；7. 与同乡一起编辑社区报；8. 在家乡举办一次文艺活动，例如春节晚会；9. 写一个家乡手工艺人的故事；10. 教会家乡妇女一种舞步，或者一种运动；11. 拜访至少十个七十岁以上的老人；12. 和基层政府探讨一次社区建设的事；13. 在家乡发起一次美丽故乡的照片展览；14. 在地方报纸上发表一篇与爱故乡行动相关的文章；15. 为自己的村庄写一部"村志"；16. 创作一首故乡之歌。

以福建爱故乡的工作为例。爱故乡计划是从福建起步的，当时是把福建各地的社区大学项目和故乡农园纳入进来，各项目独自运作。直到2015年，福建爱故乡才在施永青基金会的支持下独立为项目，开展了包括发现农者、古村调研、爱故乡沙龙、城乡C2C、爱乡会推动、爱故乡大会筹办、爱故乡游学营等工作。这些工作的推进，使乡村建设者从自己的圈子里走了出来，各行各业越来越多的爱乡人涌现出来，尽管很多人没听过或不了解乡村建设是什么，但仍以行动在践行着乡村建设的理念。

以爱故乡沙龙的举办为例，2016 年 3 月，在福州三坊七巷社区学习促进会的办公室里，20 余位来自政府、高校、企业、媒体、社会的爱乡人士齐聚一堂，开启了福州爱故乡沙龙的筹备工作；4 月，在厦门野百合公益中心的办公室，10 余位厦门各界的爱乡人开启了厦门爱故乡沙龙的筹备工作。至今福建各地已举办爱故乡沙龙四十余场，以福州和厦门两地为主，其中福州爱故乡沙龙的主要举办场地由三坊七巷无用空间提供，厦门爱故乡沙龙的举办场地开始是石狮厦门商会提供，后来由台湾青年创业园提供，最近举办的一次则是厦门幸福公益慈善会提供的。爱故乡沙龙的宗旨是传播爱故乡理念，凝聚爱故乡力量，促进爱故乡行动，让爱回到故乡，让故乡更有力量。沙龙议题设计以"合作、生态、人文"三个关键词为中心展开，邀请相关领域的研究者和实践者分享经验。以下是各期爱故乡沙龙的情况汇总。

表 3-4　福建爱故乡沙龙筹备和举办情况汇总表

| 序号 | 日期/期次 | 主题 | 分享人 | 地点/备注 |
|---|---|---|---|---|
| 1 | 2015 年 7 月 4 日 | 平和县田心村爱乡会筹备会 | 陈茂祥、邱建生 | 厦门软件园，参会人以田心村外出乡亲为主。这次筹备会可以说是福建爱故乡沙龙的先声 |
| 2 | 2015 年 7 月 7 日 | 回不去的故乡，留不下的城市：工友合作创业沙龙 | 厦门工友 20 余人 | 厦门软件园 |

| 序号 | 日期/期次 | 主题 | 分享人 | 地点/备注 |
|---|---|---|---|---|
| 3 | 2016 年 3 月 13 日（福州第 1 期） | 福州爱故乡沙龙筹备会 | 福州各界人士 20 余人 | 三坊七巷，组建沙龙秘书处，确定由农林大学海峡乡建学院和福建爱故乡促进会作为主办单位 |
| 4 | 2016 年 3 月 25 日（福州第 2 期） | 城里人的田园梦 | 黄发声、薛东、黄仡凡、闻进、陈熙、蔡明森、杨泽平 | 福州琴亭大厦 |
| 5 | 2016 年 4 月 16 日（厦门第 1 期） | 厦门爱故乡沙龙筹备会 | 厦门各界人士 10 余人 | 厦门华林花园 |
| 6 | 2016 年 5 月 6 日（厦门第 2 期） | 1. 两岸乡村建设与社区营造比较；2. 爱社区·爱乡村——爱故乡项目推介会 | 林德福、车明阳、李明卫、张朝阳、花儿主持：曹立新 | 厦门石狮商会会议室，40 余人参会 |
| 7 | 2016 年 5 月 5 日（福州第 5 期） | 福建偏远落后山区的"三农"突围探索，爱社区·爱乡村——爱故乡项目推介会 | 蔡映辉、范金旺、黄忠将、徐婧主持：黄跃东、邱建生 | 福州三坊七巷社区居委会会议室 |
| 8 | 2016 年 5 月 19 日（福州第 6 期） | 古田县乡村建设与社区营造 | 李晓霞、陈茂祥、吴明 | 福州三坊七巷社区居委会会议室 |

（续表）

| 序号 | 日期/期次 | 主题 | 分享人 | 地点/备注 |
|---|---|---|---|---|
| 9 | 2016 年 6 月 13 日（厦门第 3 期） | 三个村庄的对话——台海乡村建设与社区营造展望 | 陈俊雄、潘享胤、罗英臻 | 厦门石狮商会会议室，50 余人参会 |
| 10 | 2016 年 6 月 22 日（福州第 7 期） | 两个古镇的对话 | 李晓辰、鲍瑞芳、吴征 主持：刘飞翔 | 福州三坊七巷社区居委会会议室 |
| 11 | 2016 年 6 月 28 日（福州第 8 期） | 当一个农夫是幸福的——农业生态学的理论与实践 | 王松良、魏长、王永源 主持：邱建生 | 福州三坊七巷社区学习促进会 |
| 12 | 2016 年 11 月 25 日（福州第 13 期） | 畲寨东坂乡村旅游发展创新：困难、模式与途径 | 吴伟智、廖舒静 | 福州无用空间 |
| 13 | 2016 年 12 月 11 日（厦门第 7 期） | 工业区和乡村的教育，距离故乡有多远 | 官文宾、盛俊峰、张朝阳 | 厦门何厝艺术空间 |
| 14 | 2016 年 12 月 14 日（福州第 14 期） | 一个拆迁村翻转为厦门第 24 景的过程——两个视角的陈述 | 陈俊雄、李佩珍 | 福州无用空间 |
| 15 | 2017 年 1 月 2 日（福州第 15 期） | 乡村建设的真义——兼谈中国农业的未来 | 温铁军 | 福州无用空间 |

| 序号 | 日期/期次 | 主题 | 分享人 | 地点/备注 |
|---|---|---|---|---|
| 16 | 2017 年 3 月 2 日（福州第 16 期） | 生态农场养成记——台湾打碗花农场经验分享 | 张秀桢 主持：闫迎春 | 福州无用空间 |
| 17 | 2017 年 4 月 22 日（永春第 1 期） | 美丽乡村、共同营造 | 陈俊雄、李佩珍、徐祥临 主持：邱建生 | 永春五里街镇大羽村隐羽民宿 |
| 18 | 2017 年 4 月 26 日（福州第 18 期） | 故乡是进行中的事物 | 梁鸿 主持：邱建生 | 福州无用空间 |
| 19 | 2017 年 5 月 2 日（龙岩第 1 期） | "三位一体"农民合作组织与美丽乡村建设 | 温铁军、陈茂祥、邱建生、罗英臻、谢勇模、苏光锋、张明珍 | 龙岩青年创业中心 |
| 20 | 2017 年 6 月 10 日（厦门第 9 期） | 农业污染的防治与食品安全，生产者与消费者的信任问题 | 林晓晴、郭防 主持：廖雅静 | 厦门龙山文创园 |
| 21 | 2017 年 9 月 19 日（厦门第 10 期） | 社区工作的"地区活性化" | 陈俊雄 | 厦门海沧院前社 |
| 22 | 2017 年 10 月 3 日（永春第 2 期） | 永春农业生态化转型 | 阙志龙、邱建生、尤有利、李晓辰 | 永春岵山福星客栈 |

（续表）

| 序号 | 日期/期次 | 主题 | 分享人 | 地点/备注 |
|---|---|---|---|---|
| 23 | 2017 年 10 月 11 日 （福州 第 19 期） | 中国农业生态化转型及路径选择 | 林文雄 主持：邱建生 | 福州无用空间 |
| 24 | 2017 年 10 月 15 日 （福州 第 20 期） | 福建省生态文明建设的挑战和机遇 | 温铁军、林文雄 主持：朱朝枝 | 福州无用空间 |
| 25 | 2017 年 10 月 27 日 （永春 第 3 期） | 非遗传承中的创物探索 | 周小立、蔚然、林蔚青 | 永春岵山茂霞村福星客栈 |
| 26 | 2018 年 1 月 5 日 （福州 第 21 期） | 爱故乡·爱土地——农业生态化转型路径探索 | 徐兰香、周立 主持：王松良 | 福州无用空间 |
| 27 | 2018 年 3 月 24 日 （福安 第 1 期） | 制作环保酵素，共建环保家园 | 陈红 | 宁德职业技术学院 |
| 28 | 2018 年 3 月 27 日 （福州 第 22 期） | 生态文明战略下的思考：土壤、灵魂和社会的关系 | 萨提斯·库玛、温铁军 | 福州无用空间 |
| 29 | 2018 年 4 月 26 日 （福州 第 23 期） | 一个乡村儿媳妇眼中的故乡：我与故乡的纠缠 | 黄灯 | 福州无用空间 |

| 序号 | 日期/期次 | 主题 | 分享人 | 地点/备注 |
|------|-----------|------|--------|-----------|
| 30 | 2018 年 5 月 29 日（福州第 24 期） | "轻描淡写"为你歌唱，你听过"虎纠"歌吗 | 赖董芳 | 福州无用空间 |
| 31 | 2020 年 7 月 4 日（厦门第 15 期） | 扎根教育，让孩子更好地成长；一村一社区，让城乡更好地融合；大吴地村推介会 | 徐晓菊、杜瑞峰、邱建生 | 厦门七情花美学生活馆 |

爱故乡，在一定程度上可以说就是新乡村建设的 2.0 版，对于新乡村建设在参与人群和业务内容上的拓展起着很重要的作用，其在事实上凝聚了更广泛的人群参与新乡村建设的工作。但也由于爱故乡更多的是一种社会动员的话语，更多的人将之作为纾解乡愁的工具，缺少从乡村建设的历史和国际视野来予以思考和行动，只能沦为一种普通的乡村慈善；同时受资金来源单一的影响，爱故乡这一具有天然社会运动色彩的行动，被建构在项目制的框架里，使爱故乡的相关实践也陷入了"为项目而项目"的怪圈里。如此，实际上爱故乡并没有真正成为新乡村建设的 2.0 版，这是比较遗憾的。

## 二、生态文明建设

2017 年夏天，永春县生态文明研究院揭牌成立，由福建农林大学海峡乡村建设学院、中国人民大学可持续发展高等研究院与永春县人民政府共同发起。在最初笔者提交给永春县人民政府的合作框架中，合作平台名称是"永春县爱故乡促进中心"和"永春县社区大学促进中心"，但当时对接的工作人员认为这些名称不太合适，给人感觉这个平台太小了，于是笔者临时将之改为"永春县生态文明研究院"，成为全国第一个县域生态文明研究院。尽管这个名称是临时起意得来的，但冥冥之中似乎预示了新乡村建设的另一个发展阶段，即生态文明建设阶段。

2007年中央文件第一次提出生态文明战略，2012年生态文明战略上升为国家重大战略，2017年党的十九大更是将生态文明建设作为"千年发展大计"予以强调，生态文明成了中国面向未来的根本性方针。生态文明战略的提出，是我国意欲走出工业文明负外部性影响的一种自觉，更是基于对人类未来的深切关注。人类是一个命运共同体，当工业文明使这个共同体越来越脆弱时，生态文明让人们看到新的希望。在这样一个大背景下，新乡村建设作为一个对过度工业化和城市化持批判立场的社会改良运动，没有理由不将自己调整到与国家同一频道上来，协助国家进行新的文明转型，进而参与到世界的文明转型中。

永春县生态文明研究院可以说正是应时而生。研究院有三个定位：1. 立足永春已有生态文明建设成果，积极推动社会力量参与，促进永春生态、经济、人文和社会的协调发展，成为福建生态文明建设先行先试的排头兵；2. 以组织创新和教育创新为抓手，探索县域范围生态文明建设的制度创新，成为中国生态文明建设体制机制创新的推动者和引领者；3. 以优秀传统文化为内核，以自然生态环境为依托，以生态科学技术为载体，打造共建、共生、共享、共利的永春生态文明发展模式。

具体任务则有五个方面：1. 发挥研究院的科研和信息资源优势，加强永春县生态文明建设的战略性研究，推进国家生态文明战略和相关政策在永春县的落地转化，为永春生态文明建设提供决策咨询服务；2. 发挥研究院的实践和资源整合能力优势，对接高校和社会资源，进行生态文明建设的创新性实践，指导开展相关领域的示范创新，并以实践推进理论创新；3. 以永春在地化知识的弘扬为核心，挖掘和整理永春的地方性资源，举办永春城乡社区大学，培养适应生态文明转型需要的建设人才，提升基于本土文化视角的人文素养；4. 发挥研究院的协调和动员能力优势，推动生态经济示范项目实施，开展永春"三位一体"农民综合性合作社和农业生态化转型的试点工作，同时鼓励手工经济的发展，培育乡村文创品牌，保护传统文化；5. 以可持续发展为目标，以社会力量的动员为根本，激活永春的社会系统，使社会成为永春生态文明建设的生力军。同时注重研究院的知识生产，积极开展行动研究，为永春生态文明建设经验的推广服务。

围绕"全域生态综合体"的构建，经过近三年的努力，研究院已经形成了以产业生态化转型、社会生态化转型、教育生态化转型为抓手，以"三位一体"合作系统和六次产业促进系统构建为支撑的工作模式。开展了包括永春醋产业、芦柑产业、茶产业的生态转型研究，组织发起永春县生态农业促进会；举办岵山社区大学，进行在地化知识的梳理和传播，开展生态文明读本的编辑工作，进行教育生态化转型的相关研究，协助推动永春县社区大学促进会的成立；举办生态文明讲堂、生态文明论坛、爱故乡沙龙等旨在推动社会生态化转型的活动，协助推动永春县爱故乡促进会的成立，充分发挥社会在生态文明建设中的作用；开展了永春一二三产融合的研究，正在推动永春"三位一体"合作系统构建的研究和以"生态价值化"为目标的永春三级市场构建研究。

永春县生态文明研究院的工作一方面作为新乡村建设运动的一部分而存在；另一方面，则可以说代表着新乡村建设运动的未来，其探索也未有穷期，需要更广大的乡建力量参与进去。

## 第四章

人作为基础：
新乡村建设参与者分析

# 引　言

　　尽管和民国年间的乡村建设运动比较起来，新乡村建设还算不上是一场广泛的社会运动。因为从参与人数、参与层面、实践的系统性、实践效果、社会影响力、政府关系等各个方面来说，新乡村建设都是小巫见大巫。但新乡村建设拓展出了一定的发展空间，并且在近二十年后与国家的重大发展战略同频，而有了更多自上而下与自下而上同步推进的可能。在乡村振兴战略提出的五大振兴中，人才振兴无疑是关键，对新乡村建设运动来说也是一样。而新乡村建设在这个时代之所以能够不断拓展出新的发展空间，与其相对广泛的社会参与是分不开的，对这些参与者进行一个大概的梳理，可以让我们对新乡村建设的理解更加立体一些。

## 第 一 节

当思想碰上泥土：自由主义与重农主义的合流

新乡村建设于 21 世纪初在北京启动时，参与乡村建设论坛的各色人等主张各不相同，可谓"五花八门"，但他们的共同点却是非常明显的，那就是对"三农"处境的同情和关注。所以尽管论坛上大家争论很激烈，甚至到了剑拔弩张的地步，但会后仍然可以一起吃吃喝喝笑谈古今。在一次乡村建设论坛上，土地私有化的支持者还发起了签名活动，可见争论的白热化程度。

实践是检验真理的唯一标准。在论坛上动动嘴皮子是容易的，在 2003 年翟城试验开始前，尽管有大学生的支农调研活动开展，但新时期知识分子真正生活在农村，在农民的生产生活中发现问题进而谋求解决问题的实践是没有的。所以当翟城试验开始后，这些大大小小的知识分子在农民中间开始实际生活的时候，他们的声音渐渐小了下来。当然开始的时候，在理论的"围墙"内，大家免不了继续争论，但随着时间的推移，随着真正地深入到农民的生产生活中，大家的心逐步变得实在起来，原来形而上的争论让位给了实际工作的讨论。我把这称为土地的疗愈功能。长期和土地有亲密关系的人，他们将抛开不切实际的幻想，回归纯朴和实在的本真状态，不再空谈。知识分子一切毛病的根源，可以从他们脱离了和土地的亲密关系这一个关键点上来寻找。他们在大城市里，出入各种会议和饭局，把知识从这里搬到那里，却不知他们搬运的知识与社会现实已经大大地脱离。重新建立与土地的连接，不是走马观花式的调研意义上的连接，而是长期扎根的连接，这是知识分子的救赎之路。在这个意义上，翟城试验区的建立，以及随后各地乡村建设试验区的建立，为知识分子重建与土地的联系提供了重要的平台。不管你原来是什么主义，也不管你以后是什么主义，但此时此地，只有实践主义。实际上，在新乡村建设的参与者中，最初参与乡村建设论坛的人真正参与到实践中的并不多，他们中的大部分人仍然在各自的主义里不能自拔。

## 一、没有主义，只有实践

没有主义是因为新乡村建设的实践者把各自的主义隐藏了起来，所以大家看到全国各地开展的新乡村建设工作，只能看到一个个具体的实践内容，但没有人看到这些人在谈主义，如果非要用什么主义来定位他们的话，那就是重农主义，他们信奉"农者天下之大本"。在乡村的具体实践场域，各种主义奇妙地合流到了一起，给人万川归海的感觉。在北京晏阳初平民教育发展中心的一份文档里，他们用了"互助型社会"来命名这个"海"，并且提出了新乡村建设的"五自"精神，即自然的、自主的、自立的、自在的、自由的，强调乡建工作要顺应自然，以发扬农民的自主和自立精神为目标；而作为乡建工作者，则需要以一种自在安然的心境在工作中追求自我实现，最终实现自由。显然，这些目标和精神是可以被广泛的人群接受的，不管你是实践者，还是理论工作者。台湾一个学者甚至认为"互助型社会"这个概念可以用在两岸实现统一解决方案里，因为不管是社会主义的意识形态，还是资本主义的意识形态，它们大抵都是不会排斥互助主义的。

## 二、思想创新源于实践

没有主义并不表示新乡村建设没有思想，实际上，新乡村建设的思想创新随着实践的展开而不断推陈出新，这可以从新乡村建设的出版物看出来。在新乡村建设早期，主要出版物包括温铁军的《"三农"问题与世纪反思》《我们到底要什么》《解构现代化》，刘健芝和汪晖主编的《抵抗的全球化》。随着实践的深化，温铁军的《告别百年激进》《八次危机》《解读苏南》《去依附》及其主编的《新农村建设的理论与实践》《乡村建设百年图录》，周立的《极化的发展》，仝志辉的《农民合作新路》《农民合作社本质论争》，邱建生的《互助型社会》《梦想像呼吸》《松土者》，杨帅的《社区网络组织》，董筱丹的《再读苏南》等著作陆续出版，此外，还有众多新乡村建设志愿者的著作，如钱理群的《志愿者文化丛书》，等等，这里不一一列举。在温铁军写的"国仁文丛"序言中，他总结了五点新乡村建设的思想创新：一是提出了人类文明差异派生论，认为气候周期性变化与随之而来的资源环境条件改变对人类文明差异及演化客观上起决定作用；二是制度派生及其路径依赖理论，认为不同地理条件下的资源禀赋和要素条件决定了近代全球化之前人类文明及制度的内生性与多元性，也决定了近代史上不同现代化的原始积累途径，由此形成了不同的制度安排和体系结构，并构成其后制度变迁的路径依赖；三是成本转嫁论，认为当代全球化本质上是一个因不同利益取向而相互竞争的金融资本为主导、递次向外转嫁成本以维持金融资本寄生性生存的体系；四是发展中国家外部性理论，认为第二次世界大战后大部分发展中国家通过谈判形成的主权有较强的负外部性，使其难以摆脱对宗主国的依附地位；五是乡土社会应对外部性的内部化理论，认为中国作为原住民人口大国唯一完成工业化的国家，其比较经验恰恰在于有着几千年"内部化处理负外部性"的村社基础。与这些思想创新相对应的是新乡村建设研究团队在应对全球化的挑战、发展中国家比较研究、国内区域比较研究、国家安全研究和"三农"与"三治"研究五个方面的基于"本土化"和"国际化"的研究工作，其主旨在于去西方中心主义、去意识形态，立足于新乡村建设实践展开独立自主的思想创新。

思想就像种子，它只有落在泥土里，才有可能发芽生长。对于参与新乡村建设又抱着各种主义的人来说，如果他们不把双脚踏进乡村，与土地产生紧密的联系，他们的主义早晚有一天会枯萎。新乡村建设吸引了抱各种主义的人参与其中，他们的思想在与乡土的互动中越来越切合乡村的实际，这是乡土之幸，也是他们自身的幸运。

## 第 二 节

## 知识农村化：知识分子的自我改造

　　知识分子对于自己掌握的知识通常都是信心满满的，这些从书本来到书本去的知识，可以满足人们从这个会议来到那个论坛去的高谈阔论的需求，更重要的，这些知识是他们的饭碗，是他们的生存之基，人们对自己的饭碗都有一种本能要好好保护它，自然在心理上就要有坚定的信心了。但是，当这些知识遇上从风里来到雨里去的乡土知识，当知识分子遭遇乡土，他们的自信就要被大大地削弱了。在晏阳初乡村建设学院刚成立时，一部分知识分子把在书本上学习到的民国年间的乡村建设运动经验和理念带到翟城村，比如以"四大教育""三大方式"为核心的"定县试验"经验，还有山东邹平的"乡农学校"经验。诚然，民国年间的乡村建设运动激发了这部分知识分子的乡建热情，但那终究是书本上的，与现实乡土的距离还是相当远的。所以当这些知识分子带着这些书本经验到翟城村时，就不免要受到许多现实的教育。所幸这些知识分子还算谦卑，愿意在现实面前对自己的知识进行扬弃工作，不固守着从书本中得来的知识，依照乡土的实际重新开始向农民学习，在农民的现实生活和生产中去找问题，并且在农民内部寻求解决问题的办法。比如有一次翟城村请来中国农业大学的专家给农民上葡萄种植的课，农民听得云里雾里的，但村里一位种了十几二十年葡萄的农民的讲解，却能够让其他农民听得津津有味，能够帮助他们解决实际的问题。这使乡建工作者认识到，那些高高在上的知识一定要与下里巴人的知识结合起来，知识必须先农村化，农村才能知识化，而且是符合农民利益的知识化；另一个认识是农村内部的知识需要进行组织和激发，使农村的知识流动起来，本地知识为本地服务，进而提升农村整体的知识水平。

## 一、"田间地头"丛书

新乡村建设吸引了各种类型的知识分子参与，他们很多人在城里有一份工作，无法全身心地参与到乡村的具体工作中，但他们中的部分人又渴望能有更多服务乡村的机会。在翟城合作社学习小组的组织过程中，乡建工作者发现市场上很少有适合农民阅读的书籍，所以当有两位在上海工作的志愿者表示希望有更多的机会参与学院的志愿工作时，就有了请他们编辑相关书籍的想法，"田间地头"丛书项目于是建立了起来。丛书的编辑对在城市知识系统中培养出来的知识分子来说是一个挑战，他们必须站在农民的角度来思考文章的选取、语言的运用等，同时也要考虑新乡村建设工作希望向农民推广的理念和价值。比如合作理念，如果直接把国际合作社的七大原则列出来，不进行中国化和农民化的解读，就会比较枯燥，不易被农民接受，所以编辑者就通过乡土文学的形式，通过案例和故事对这些原则进行再创作，使之符合农民的阅读习惯和理解能力。再比如丛书的大小，编辑者把它设计成口袋书的样式，方便农民随身携带，在他们劳动之余的田间地头可以随时翻阅。丛书的编辑是"知识农村化"的一种努力，也是知识分子进行的一种自我改造，让自己有更多的乡村思维，能够从农民的视角来思考问题。应该说这种改造工作是艰苦的，需要知识分子有较强的自觉意识。

## 二、社区大学作为在地化知识生产的平台

新乡村建设在各个工业区和乡村推动的社区大学，其主要功能就是成为在地化知识生产和传播的平台，而不是已有知识特别是城市知识的搬运平台。但在实际运作中，往往又事与愿违，原因在于社区大学的志愿者老师没有更多的时间和意愿生活在工农中间，没有机会使其知识"农村化"。在社区大学最初的设计中，希望大学生志愿者来完成这一知识的转换工作，这些大学生志愿者相当于助教，协助老师进行适合农村的知识整理，因为这些大学生相对来说有更多的时间和农民或工人接触。但这种设计也过于理想化了，原因在于知识的转化比一般知识的传授难度更大，大学生根本无法胜任这样的工作，或者说这种工作需要老师、大学生和学员较为系统的协同作业才能完成，而这超出了作为民间组织举办的社区大学的资源许可。2012 年，笔者曾与北京大学钱理群教授一起谋划"平

民教育文化丛书"的出版编辑事宜，希望能够为社区大学配备适合的通识教材。理想的情形是钱老师亲自参与到社区大学的教学工作中，在与工农的互动中完成教材编写。但由于钱老师年事已高，只能退而求其次，由他组织北大的学生进行编写，由社区大学的志愿者进行讲授，再将情况反馈给编写组，如此反馈几次形成"工农人文读本"。钱老师是在我接触的知识分子中，少数几位能够意识到自己过去的知识需要进行再生产以适应工农需要的学者，并且他愿意花时间勉力推动这种再生产工作，实在是难能可贵，值得中国知识界学习。

## 第 三 节

## 乡村的力量：农民的主体性问题

　　在所有的参与者中，农民无疑是新乡村建设最主要的参与者。早在民国年间，梁漱溟批评当时的乡村建设，说只是少数知识分子在动，而农民不动。晏阳初提出乡村建设的一个信念"信任平民的卓越品质及一切可能性"。没有农民参与的乡村建设，就不是真正的乡村建设，这是普遍的共识。新乡村建设秉持先辈的教诲，在各项工作中也特别注重农民的实质参与问题，包括各种论坛的举办尽可能邀请农民参加，通过推动真正意义上的合作组织建设使农民成为参与的主体，在工友社区大学设立工友发展委员会，农村社区大学理事会以农民为主，等等，可以说都是新乡村建设意图促进农民真正参与。但所谓"理想很丰满，现实很骨感"，在具体的工作中，很多促进农民参与的努力都成了一厢情愿，农民的主体性发挥不足，乡村没有形成真正的建设性力量。

## 一、农民有理想，故乡有力量

如前所述，新乡村建设的起步，《中国改革（农村版）》的创刊是其标志之一，当时"农村版"的通讯员分布在全国各地农村，这些通讯员的最初身份组成就是因各种原因到北京上访的农民，这些上访的原因中大多数与上访者本人的利益无关，而与村庄的公共利益相关。我把这些有"大我"意识的农民称为"有理想的农民"，正是他们成为新乡村建设最早的工作对象和参与者。当这些有理想的农民经过乡村建设理念的培训后，他们不再上访，而是回到家乡动员村民参与到乡村建设工作中。在关于新时期平民教育的目标表述中，公共力作为"四力"之一被予以强调，新乡村建设如果没有重新激发农民的公共心，没有将农民的公共力培育起来，就不可能有实质上的推动。但理想从来就是稀缺资源，新乡村建设工作者相信理想是灯，可以照耀黑暗，虽然开始只是一只萤火虫的光亮，但一只萤火虫会召唤来更多的萤火虫，理想会被激发，乡村之光将拂去人们内心的灰尘。抱着这样的信念，新乡村建设工作者以"发现农者"作为开始乡村工作的第一步，他们相信每一个乡村都有若干具备公共心、合作心和生态心的"农者"，这些"农者"将会成为推动当地乡村建设工作的第一推动力。但这种"发现"并不容易，"发现"的道路上也会有很多的迷雾。在海南石屋农村社区大学成立前，新乡村建设工作者驻点石屋村，了解村庄的各种情况，希望能逐步发现农者。最初接触的是村两委的干部，其中有两位表现出一定的公共力，于是在一次北京举办的培训中，工作者带着这两位干部去参加，希望通过外出培训拓宽他们的视野，同时增进他们对乡村建设工作的理解，成为当地乡村建设工作的第一推动力。但后来事实的发展却表明，这最初的"发现"是不切实的，这两位干部的私心远远大过他们的公心，他们在村民中的认可度也很一般，根本无法成为当地乡村建设工作的最初合作推动者。而后，经过一些村民的推荐，当地一个曾经在海口做过橡胶生意的村民适合作为石屋橡胶合作社的主要发起人，于是工作者去这位村民家里，和他探讨带动村民组建橡胶合作社共同致富的问题，但让工作者颇为失望的是，这位村民只是一个纯粹的商人而已，并没有半点的为村民谋福利的想法。直到半年后，一位叫彭定勇的村民进入工作者的视野，他才是真正的"农者"，有较强的公共心和合作力。在他的带领下，石屋橡胶合作社在很大程度上使农民的经济权和文化权得到了回归，如果没有后来外部不可抗力的影响，石屋村很有可能重振当年"北有大寨，南有石屋"的雄风。

## 二、从"农民"到"农者"

其实，更重要的工作是在"发现农者"以后，因为"发现"是相对容易的，培育则完全是另外一回事儿了。从"农民"到"农者"，这中间的距离是"心"的距离，有时候比银河系还难跨过去。但正如晏阳初所说"信任平民的卓越品质及一切可能性"，农民身上蕴藏着巨大的力量，他们并非天生缺乏公共心、合作心、生态心，只是在市场化大潮的冲击下被暂时遮蔽了，新乡村建设工作者和"农者"的任务就是要把这灰尘擦去，唤醒农民固有的"力"。

翟城合作社最初成立的时候，组织村民参加义务劳动，农民被市场禁锢了几十年的心突然挣脱出来，老的少的，壮的弱的，一齐为了公共的利益行动起来，在这样的行动里，没有私心，只有公心；那种场景让当时参与其中的一位经历过中华人民共和国成立后20世纪50年代初级社的老人无比感慨，他说"社会主义要回来了"。共产党人经过几十年艰苦卓绝的斗争，将压迫在农民身上的"三座大山"移走，以"打土豪，分田地"为号召，激发了广大被压迫农民参与到革命斗争中的积极性，重建了农村的社会关系。新乡村建设又当以什么为号召去重建农村的社会关系？农民凭什么要参与到新乡村建设中来？以互助合作为手段，去抵御市场对农村各个层面的冲击，特别是在经济层面上能够重新掌握主动权，这似乎是一个有吸引力的说法。但正如前文所阐述的，农民开展互助合作是需要成本的，这种合作成本如果没有地方支付，农民要合作起来何其难。事实上，新乡村建设工作通过"发现农者"，依托农者的公共力来化解农民的合作成本，这是一条路径；但这种路径的持续性和推广性是值得怀疑的，新乡村建设经过这二十年的努力，并没有很好地打开农民的合作空间，即可印证这一点。所以更根本的是政策供给问题，政府要有足够的力度去支持农民展开互助合作，而不能依靠少数农民的情怀和理想。但悖论在于，政府正是市场主义在乡村的最有力推动者，它如何可能反其道而行之为互助主义鼓与呼呢？事实也证明，自2007年合作社法出台至今，十几年过去，农民的合作空间并没有得到很好的拓展，大多数合作社成为空壳或虚假合作社，缺乏互助精神，没有农民的真正参与，政府的政策供给多被部分精英俘获。如此，出路何在？

这就涉及政府立场调整的问题。习近平同志强调要"不忘初心",可以说指出了问题的关键。政府的"初心"里,为农民服务岂不是最重要的一条吗?如何更好地为农民服务?如果以互助主义为工具,服务就能真正做到润物细无声。而互助主义的核心是把农民的力量发掘出来,鼓励农民以合作为手段走向互助,重建农村经济的主体性和乡土社会的互助性。唯其如此,农民的主体性才有可能真正回归,农民才能真正动起来。前述山西蒲韩合作社可以说就是在互助主义的理念下展开的农民真正意义上的合作,是一种合作权得到了回归的合作。有合作权,而后有经济权,而后有主体性。农民力量的发掘,要归结到农民的合作权利上来。从当前来看,这种合作权主要体现在农民能够光明正大地开展生产、购销、信用"三位一体"的合作,这种合作将能解决农民的合作成本问题,能够在一定程度上使农民开展真正意义上的互助合作。

▲

# 第 四 节
## 政府角色：下不去的农村

2006 年笔者在海南开展新乡村建设工作的时候，有一次和一位县里的分管领导去一个村子，半路上，这个领导问我是否联系好了村两委，我说没有，他冒出一句话："村两委都没联系好，我们去农村干什么？"这话让我印象深刻，也颇让我吃惊，因为在我的概念里，到农村去了解情况，通过村两委并不是一个必选项；但在领导的概念里，去农村通过村两委则是一个必选项，而且是唯一选项。这也就意味着往常领导去农村，只是去村两委办公室而已。毛泽东同志在总结中国革命成功的法宝时，用了"群众路线"四个字，但吊诡的是，仅仅过了几十年，这四个字就从部分干部的字典里消失了，"干部路线"替代了"群众路线"。新乡村建设工作开展二十年来，在全国各地与不同的政府部门合作后，发现这种"路线"问题是一个很根本的问题，是中央的政策无法有效落实到乡村的重要因由。

新乡村建设工作的启动源于 20 世纪末期"三农"问题的深化，这一问题的表现之一就是干群关系日益尖锐，在不少地方已经到了水火不容的地步。2002 年，在笔者作为中国改革杂志社记者到农村采访时，要避开当地政府偷偷进村，否则采访对象就有可能遭到政府的报复，记者本身的安危也会成为问题。可见当时农村干群矛盾已经到了什么程度。在这种情况下，新乡村建设工作要取得地方政府的支持，或者期待政府扮演积极的角色，几乎是不可能的。不过在这个时期，新乡村建设工作主要是以大学生支农调研的形式展开的，还没有形成自己相对固定的基地，与政府的交往还比较单纯。2003 年随着翟城试验区的成立，新乡村建设开始进入基地建设阶段，与各地政府的交往逐步频密起来。政府作为一个重要角色对新乡村建设工作的参与可以从这个时候开始算起。具体参与形式有以下几个方面的表现。

一是参与新乡村建设组织的培训和交流活动。翟城试验区成立后于 2004 年春天开始第一场农民培训活动，参加培训的大多是农民，没有干部。随着翟城试验区影响力的提升，来翟城村参加培训的干部逐步增多起来，他们和农民坐在同一个课堂里，听老师讲农民合作和生态农业，一起参加课堂讨论，也一起参加田间劳动，这真是一个让人热血澎湃的场景。但遗憾的是，翟城更多的是承办某个地方政府特定的干部培训，那种干部和农民一同参加培训的场面并不多见。而特定的干部培训班效果并不好，这些干部大多无法接受乡建组织讲授的相关农村工作理念，更无法接受乡建组织粗茶淡饭式的生活条件。这些经过培训的干部回到地方是否有推动新乡村建设工作呢？从实际情形来看，并不理想。当然，也有例外，例如何慧丽当时挂职兰考副县长，带了一些干部来参加培训，据说这些干部回去以后对兰考的新乡村建设工作的推进就起到了一定的作用。此外，除了参加培训，也有不少干部会参与到新乡村建设每年组织的大大小小的论坛或研讨会等交流活动中，他们或作为发言人或作为听众，能够参与这些交流活动的，一般都已对新乡村建设工作有了一定的理解，甚至在其岗位上已经做出了一定的成绩。

二是成为新乡村建设基地建设的合作者。新乡村建设谋求的是社会改良工作，政府是其最主要的合作者，因为说到底，政府所希望达到的目标与新乡村建设是一致的。2005年社会主义新农村建设的历史任务提出后，若干地方政府开始主动与新乡村建设发起人温铁军联系，希望与其合作在当地协助政府推动新农村建设工作。最早达成实质性合作的是海南省儋州市人民政府，双方于2006年初达成合作意向，由温铁军团队派人到儋州与当地政府共同组建社会主义新农村建设领导小组办公室，办公室主任由分管农业的副市长担任，行政副主任由市委组织部派人担任，业务副主任由温铁军团队派人担任，合作期限八年，每年经费十万元，纳入市财政预算。此后随着中央各项涉农战略的提出，新乡村建设与各地政府的合作也呈现出不同的模式，最近的包括四川战旗乡村振兴培训学院、福建的永春生态文明研究院、永泰乡村振兴研究院、山西大宁乡村振兴研究院等。

三是成为新乡村建设基地的志愿者。新乡村建设的一项理念是协助政府"发现社会"，即动员广泛的社会志愿力量参与到地方建设中来，形成"小政府大社会"的局面。这些社会志愿力量也包括政府干部。新乡村建设工作注重发掘政府内的健康力量，这些人愿意在工作之余参与新乡村建设的志愿工作，是一支可以起到很重要作用的力量。这些志愿工作有可能是教授一门课程，也有可能是协助分析问题、提供地方信息，或者利用其熟悉政府运作的优势，对新乡村建设工作的政府关系处理提供建议，等等。

政府在新乡村建设工作推进过程中的不同角色扮演是与经济社会发展进程密切相关的，在新乡村建设起步的 21 世纪初，乡村还处在城市和工业发展的挤压中，政府无心把更多的精力投入到乡村，甚至和乡村形成一种对立关系。2003 年"三农"问题成为全党工作的重中之重，2005 年新农村建设政策出台，2017 年乡村振兴战略提出，中央政府对乡村的重视逐步加强，各项政策也越来越有利于乡村，相信这对于改善地方政府与乡村的关系会有实质的促进。

## 第五章

生存与发展：
新乡村建设的社会关系分析

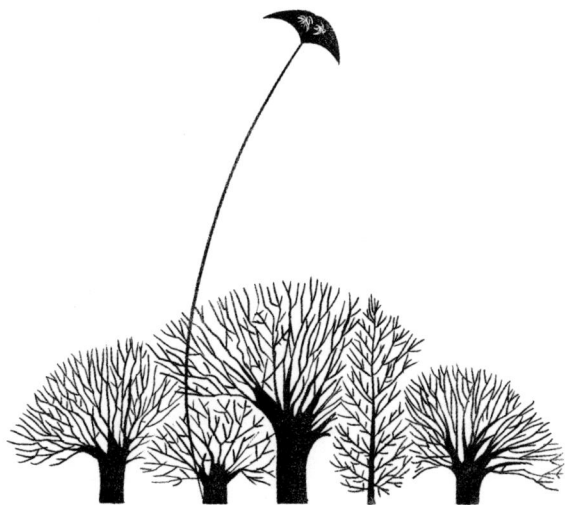

# 引 言

新乡村建设意图重构乡村的社会关系，其本身就是这一社会关系的一部分，需要处理各种关系。政府、媒体、基金会、企业、学校、农民，新乡村建设在处理与这些主体的关系中逐步拓展着自己的生存空间。空间的大小，根据新乡村建设不同时期的社会关系而有不同的变化。随着精准扶贫政策的实施，地方政府的很大一部分精力开始面对乡村的贫困问题，新乡村建设因其过往在扶贫方面的绩效，特别是其以推动农民合作带动村庄整体发展的模式对精准扶贫工作有很大的借鉴意义，而获得地方政府的认可；乡村振兴战略提出后，因新乡村建设在过去二十多年的实践探索与乡村振兴的目标完全一致，所以成为实现从精准扶贫到乡村振兴有效过渡的重要参考，有了进一步发展的空间。

# 第 一 节
## 国家政策变化与新乡村建设的空间变化

如前所述，新乡村建设兴起于 20 世纪末，当时"三农"问题正愈演愈烈。与之对应的政策背景则可以追溯到 20 世纪 90 年代初市场化改革的深化，社会主义市场经济地位确立，对外开放程度加深，外资利用大幅度增加，"两头在外，大进大出"，乡镇企业的发展态势因此被极大地削弱，农民在家乡获得现金收益的能力大大下降，而农村的货币化程度则进一步加深，农民不得已外出打工谋生。20 世纪 90 年代末的亚洲金融危机，使城市过剩资本涌向农村，以极低的价格占有了农村尚未来得及定价的各类资源，农业成为资本逐利的战场，农民和环境在这种争夺中成为牺牲品。此外，这个时期相继出台的住房、教育、医疗产业化政策，把社会的主要公共品市场化，进一步弱化了农民的社会经济地位。在某种程度上，新乡村建设正是在这些背景下被催生出来的。

## 一、"三农"问题成为全党工作的重中之重

新乡村建设在启动之初以动员大学生到农村去和农民结合为号召，同时推动具体实践的展开，翟城试验能大张旗鼓地以提高农民的组织化程度为目标开展农民的合作培训，甚至被称为"农民的黄埔军校"，正是得益于此时中央对"三农"工作的高度重视。2003年年底，温铁军被中央电视台评为"年度经济人物"，也与其参与举办翟城试验有一定的关系，因为当时中央政策已经做出新的调整，舆论势必也要做出相应的调整，需要给"三农"留出一定的位置，而当时大多数学者还在喊口号搞理论，温铁军却能一头扎到乡村，愿意在实践中去寻找解决"三农"问题的办法，这实在是够突出的。此后翟城试验区受到媒体的广泛关注，前后不到四年的时间里有超过一百篇的报道，新乡村建设的空间也在这种关注中得到拓展。2004年农业税费取消，极大地调动了农民的积极性，一些维权农民转而成为新乡村建设者。

## 二、社会主义新农村建设与中央一号文件

如果说"三农"问题是全党工作的重中之重还只是一种动员式的号召，2005年年底，中国共产党第十六届五中全会通过的《中共中央关于制定国民经济和社会发展第十一个五年规划的建议》提出要扎实推进社会主义新农村建设，则可以说是将号召落地的具体体现。社会主义新农村建设提出的"生产发展、生活富裕、乡风文

明、村容整洁、管理民主"这二十字方针，与新乡村建设要推进的目标是非常吻合的，尽管新乡村建设表述的是"人民生计为本，合作互助为纲，多元文化为根"。新农村建设是在我国总体上进入以工促农、以城带乡的新的发展阶段提出的新任务，是时代发展和构建和谐社会的必然要求。新农村建设相应政策的出台，一方面在社会层面上逐步形成了关注农村的氛围，另一方面也激励了地方政府参与新农村建设的积极性。这两个方面的积极影响，对新乡村建设来说都是很好的机遇，不仅使其工作有了更多的政治正确性，也使其业务得到拓展。2005 年 12 月 31 日，《中共中央、国务院关于推进社会主义新农村建设的若干意见》出台，该意见以 2006 年中央一号文件的名义发布，这是 20 世纪 80 年代连续发布五个一号文件后，在 21 世纪开始后又重新开启的，其意义非同一般。民间兴起的新乡村建设与政府推动的新农村建设在这个阶段相得益彰。

## 三、环境友好型、资源节约型农业政策

2007 年党的十七大提出"两型农业"的概念，强调要以提高资源利用效率和生态环境保护为核心，以节地、节水、节肥、节药、节种、节能、资源综合循环利用和农业生态环境建设保护为重点，推广应用节约型的耕作、播种、施肥、施药、灌溉与旱作农业、集约生态养殖、秸秆综合利用等技术，推广应用减少农业面源污染、减少农业废弃物生成，注重水土保持和保护环境等环保型技术，大力培养农民和农业企业的资源节约和环境保护观念，大力发展循环农业、生态农业、集约农业等有利于节约资源和保护环境的

的农业形态，促进农业实现可持续发展。当时，新乡村建设的生态农业试验和推广工作已开展了三年，在翟城村还建设了"六位一体"的生态农业系统，举办了五六期生态农业研学营。2008年，翟城的生态农业工作团队到北京海淀郊区建起了小毛驴市民农园，继续生态农业试验和推广工作，并引进了社区互助农业模式（CSA）。在随后的几年时间里，CSA风行全国，各地纷纷效仿建起大大小小的CSA生态农场，掀起了一股民间社会响应中央两型农业政策的风潮，小毛驴市民农园成了全国CSA模式的培训基地和试验基地。新乡村建设生态农业领域的空间随着中央对农业污染问题的重视而不断扩展。

## 四、保护和传承中华优秀传统文化

2014年，习近平同志在孔子诞辰2565年的大会上强调中国优秀传统文化体现着中华民族世世代代在生产生活中形成和传承的世界观、人生观、价值观、审美观等，其中最核心的内容已经成为中华民族最基本的文化基因，是中华民族和中国人民在修齐治平、尊时守位、知常达变、开物成务、建功立业过程中逐渐形成的有别于其他民族的独特标志。作为中华优秀传统文化的重要组成部分，乡土文化的保护和传承开始受到各级政府和部门的重视。2012年，新乡村建设启动爱故乡计划，保护和传承优秀的乡土文化成为该计划的主要内容，2014年，该计划发起了"全国爱故乡年度人物"评选，众多在乡土文化的保护和传承方面默默耕耘的爱乡人被发掘出来，以后爱故乡大会每年召开一次，地方政府逐渐成为举办主体。

2012 年，培田社区大学启动旨在弘扬乡土文化的第一届春耕节，在中央更好地保护和传承中华优秀传统文化这一政策背景下，以后每年举办的春耕节都得到了当地政府的大力支持，县委书记下田开犁成为固定节目。

## 五、生态文明与乡村振兴战略

党的十八大和十九大分别确定了生态文明和乡村振兴两个战略作为国家面向未来的重大战略，这与新乡村建设在过去十几年时间所致力推进的目标是完全吻合的。2017 年永春县生态文明研究院成立，2018 年永泰县乡村振兴研究院成立，这两个研究院都是全国首家，是新乡村建设旨在响应中央的两大战略而与地方政府合作成立的，也是新乡村建设在 2006 年与儋州市政府合作开展新农村建设后，事隔十余年再一次与地方政府紧密携手，共同推动生态文明建设与乡村振兴工作。2019 年，北京梁漱溟乡村建设中心与大宁县人民政府合作成立大宁乡村振兴研究院，西南大学中国乡村建设学院与成都战旗村合作成立乡村振兴培训学院，并且和重庆城口县合作成立了乡村振兴研究院。温铁军教授的行程被排得满满的，各地政府请他去讲课的邀请不断，他一年在天上飞的次数多达七十余次。新乡村建设似乎迎来了蜜月期，但在具体的合作中，也有诸多的隐忧。一方面是地方政府的需要仍然还是短期出政绩的需要，对自己任期内看不到成果的生态文明和乡村振兴还是抱着一种应付态度，不太容易给予实质性的支持；另一方面是新乡村建设人才资源匮乏，特别是能与政府展开合作的人才资源非常有限，使得相关的合作项目无法顺利推进，也因此无法进一步拓展出新乡村建设的发展空间。

新乡村建设这二十年的发展变化与中央政策变化有着非常紧密的关系。这二十年对乡村来说，是政策不断向着利好方向发展的，从新农村建设、美丽乡村建设到乡村振兴战略，国家对乡村的重视程度越来越高，投入的资金也是一年一年增加，这对以乡村复兴为使命的新乡村建设运动来说，无疑是极大的利好。实际上，新乡村建设在这二十年中，其发展空间总体上呈现出越来越扩大的趋势，但同时也存在因乡村振兴成为热点而被各种杂音淹没的问题，新乡村建设意在唤起农民力量建设乡村的使命会被各种功利化的乡村振兴实践稀释，从这个层面来看，新乡村建设的空间反而会呈现出缩小的趋势。

## 第 二 节
## 新乡村建设的媒体关系

　　新乡村建设在一开始进入实践场域即受到了媒体的广泛关注，二十年来这种关注一直没有断过，原因在于新乡村建设的思想创新和实践创新一直都在进行中，一直都在推陈出新。根据媒体报道的数量和密度，新乡村建设的媒体关系分为两个阶段，以 2011 年为分界点，在此之前媒体的报道集中在翟城试验和小毛驴市民农园，数量达三四百篇；在此之后，媒体对新乡村建设的关注减少，新乡村建设不再有密集的媒体报道，但随着自媒体时代到来，新乡村建设的自我传播得到进一步加强，侧重点则从实践层面转到了思想层面。

　　新乡村建设进入公众视野，始于翟城试验区最初创办时，河北《燕赵都市报》以晏阳初这个历史人物为切入点，以"后定县试验"为标题，对翟城试验区进行了整整两个版面的报道，内容以翟城村乡建理念和教学大纲为主。同一时间，天涯关天茶舍也贴出了翟城村乡建理念和大纲，以及志愿者征募函，翟城进入网络世界，一批正在寻找乡村道路的同道中人对学院的成立寄予了很高的期望，他们在翟城试验开始时以关天茶舍网友的身份组织了三十几位同志造访翟城，对翟城的发展提供各种建议和意见。此后，随着翟城工作的展开，特别是 2003 年 4 月翟城第一期农民培训开始后，各类媒体纷纷到学院采访。其中影响较大的是《南方周末》的报道，它以"一群走在田埂上的杂志社人"为标题对以温铁军为代表的中国经济体制改革杂志社几位同志参与新乡村建设工作进行了报道，篇幅达一个版面。此外，《公益时报》、《中国经济时报》、《中国新闻周刊》、新华社、中央电视台等三十几家媒体都有跟进报道，对翟城的乡建工作给予了非常正面的评价和热切的期待。在这些报道中，"乡村建设人才的摇篮""农民的黄埔军校"等字眼被使用。2007 年乡建团队离开翟城村后，也有若干媒体跟进采访，试图对翟城将近四年的工作进行审视，但着眼点大多从翟城村建设的关系上展开。

离开翟城村后，乡建志愿者一部分去读书，一部分到南方开展乡村建设工作，一部分在北京找到新的合作机会，开办了小毛驴市民农园，继续推动学院已经相对成熟的生态农业工作。开始的时候，小毛驴市民农园的工作也是充满了各种不确定，因为社会整体对生态农业的认知还非常有限，市场空间很小。2008 年年底"三聚氰胺"事件爆发，社会似乎一夜之间对食品安全问题开始关注起来，媒体在报道各种食品安全的问题时，自然会寻找正面的典型，小毛驴市民农园进入公众视野。其时，温铁军的博士生石嫣去美国农场实习一年回来参与了小毛驴市民农园的工作，并且带回来社区互助农业（CSA）的理念和运作方法。人民大学的女博士、食品安全、CSA，这些都是媒体喜欢的素材，于是各种媒体铺天盖地地跟进，石嫣和小毛驴市民农园一起成了媒体的宠儿。在这种大规模的报道下，小毛驴市民农园的市场问题迎刃而解，北京当地的各类消费者找上门来，或成为配送份额成员，或成为租地份额成员，两类成员最多的时候达近两千户；与此同时，政策也跟了过来，相关领导不断造访并给予充分肯定，一些政策性支持自然也免不了。此外，更重要的是，CSA 的理念因此传播开来，各地的 CSA 生态农场纷纷建立起来，尽管大多成了先烈，但生态的火种已然呈现出蔓延的趋势。

但媒体报道的助力终究还是杯水车薪，而且媒体的视角在本质上还是猎奇性的，其对事件的报道往往流于表面，社会教化作用很有限，而新乡村建设是一项需要久久为功的社会事业，组织和教育作为其核心并不容易呈现出媒体关心的事件来，所以尽管媒体对新乡村建设的报道不少，但新乡村建设的理念并没有得到应有的呈现。如此，当新农村建设、美丽乡村建设和乡村振兴等政策出台，各地在响应中央政策的执行层面仍然停留在工业时代的思维里，只会干一些刷墙铺路的活；而不少社会热心乡村工作的同志也只会与政府合流，做一些装点门面的工作。新乡村建设所致力推进的农民合作力、学习力、生态力和公共力等力量在这十几年却并没有得到很好的发挥，乡村衰败的步伐在社会和政策的关心下不断加快。

新媒体的出现给了新乡村建设进行自我传播的机会，这种自我传播能够更真实地把新乡村建设的思想理念呈现出来，因为这是新乡村建设参与者自己的思考和写作。乡村建设研究、平民教育、爱故乡行动等微信公众号作为新乡村建设自我传播的文字平台得到推动，尽管文章阅读量仍然有限，但更接近真实的新乡村建设面貌正变得越来越清晰。作为新乡村建设发起人之一的温铁军，其思想力和语言表达能力的绝佳合一，使其在网络直播媒体上具有独到的优势，成为少有的网红学者，其相关直播的在线人数最多达到一二十万人，这对新乡村建设思想理念的传播可以说是非常有效的。

## 第 三 节

## 物质是基础：新乡村建设的经费问题

新乡村建设二十年，经费问题一直是如影随形的问题。但有多少钱，做多少事，经费不足的问题尽管制约了新乡村建设的更好发展，新乡村建设工作者的心态还是积极的。当然，如何达到做多少事，筹多少钱的状态，仍然是新乡村建设需要好好去努力的。以下分别从新乡村建设经费筹措的制约因素、来源、使用和乡建经济等几个方面进行简单说明。

曾有人戏称温铁军是"三更打鸣的鸡"，由其开启的新乡村建设运动也有这个味道，广大乡土还在漆黑的夜里，而他却在呼唤黎明，自然只能是应者寥寥。尽管此前有环境保护运动的铺垫，政府和社会对社会组织有了一定的认知，国内的环保组织在中国社会的觉醒期能够扮演较为重要的作用，但新乡村建设同样作为一种社会运动，却没有环保运动幸运，其获得的相关支持是非常有限的。作为新乡村建设运动的思想和实践资源之———民国乡村建设运动——在整体上并没有与世界范围内的相关社会运动实现有效的连接，没有形成乡村建设的全球性网络。尽管晏阳初在美国成立了国际平民教育委员会，并且在菲律宾成立了国际乡村改造学院，在很多第三世界国家协助推动了当地的乡村建设运动，一时间也在国际范围内形成了乡村建设的热潮，但由于这一运动的主要资源来源于晏阳初的个人魅力，当他于 1990 年逝世后，这些资源也就慢慢随他而去，国际乡村改造学院作为世界乡村建设运动的人才培养基地和领导中枢的功能也随之弱化，消失于无形。更重要的是，晏阳初领导的乡村建设运动由于缺少对现代性的批判，而无法与世界范围内自 20 世纪 60 年代兴起的各类以反思现代性为出发点的社会运动形成同声相和的局面。同时，慈善思维向社会运动思维转化有很长的路要走，现在的慈善资源大多是政策性慈善，新乡村建设获得资源的能力自然也就变得弱小了。

但正所谓政府不是铁板一块，资本也不是铁板一块，新乡村建设还是逐渐形成了自己的资源网络。如前所述，作为新乡村建设启动标志的大学生支农调研项目，是一个为期两年的项目，两年后这一项目已能实现自我运转，各地大学的支农社团建立起来后，一部分被纳入学校的社会实践项目，由学校给予支持，大多数社团则是由社团成员自掏腰包。此后，由这一项目派生出来农村发展人才计划。与大学生支农调研项目同步开展的新乡村建设骨干人才培养项目，其经费来源于香港社会服务发展中心，该中心由香港岭南大学的刘健芝老师主持，经费也大多来自她及若干同事的工资收入。2003 年，翟城试验区创办，创办经费 9 万元来自温铁军个人，以及一些社会机构。此后翟城村的运作经费以各种社会捐助为主，其中最早一笔捐助 8000 美元，是温铁军到美国演讲，一个华侨现场捐赠的；其中最大一笔捐助 5 万美元，主要用于翟城的生态建筑和六位一体生态农业建设。同一时间，香港乐施会开始支持北京工友之家的工作，此后厦门国仁工友之家、杭州草根之家等机构都得到了香港乐施会的支持，其支持年限一般为三年。2011 年以后，香港施永青基金会北京办公室成为新乡村建设的重要合作伙伴，梁漱溟乡村建设中心的合作社人才培养项目、全国各地的爱故乡项目、厦门国仁工友之家都得到了支持。2012 年，福建正荣公益基金会成为晏阳初平民教育发展中心的合作伙伴，它们支持了福建和江西多所社区大学的建设。2017 年以后，随着生态文明和乡村振兴战略的落实，各地地方政府成为新乡村建设的主要合作者，基金会在新乡村建设中的角色弱化下来。

由于基金会的项目支持大多只有几年时间，而且项目考核的方式也是量化的，很容易陷入刻板的数字怪圈里，很多机构也因此成为为了项目而项目的单纯项目执行者。新乡村建设作为一种社会运动，如果被框定在项目层面，其社会意义就会逊色很多。所幸开始的资助机构没有特别把新乡村建设当成某个项目，而是能够从社会运动的角度予以理解，并因此能有相对时间较长的支持和较为宽松的管理。但一直依靠基金支持终究不是长久之计，而政府购买服务也很容易把新乡村建设机构转化为社工服务组织，所以自 2010 年开始，新乡村建设即开始谋划以社会企业的方式来发展乡建经济。乡建经济的启动最初是从北京工友之家开始的，他们通过收集城市的二手衣物在城中村开设"同心互惠店"，以每件 5 元、10 元的价格卖给工友，可以说既方便了工友，也可以为自己创收，同时城里人不用的衣物也有了个好去处。小毛驴市民农园也算是乡建经济的最初版本，其通过生态农产品配送和租地种菜服务给农园带来了一定的收益，使农园能够在一定程度上实现收支平衡。不过后来福建的故乡农园试图复制小毛驴农园的模式发展福建的乡建经济，仅维持了两年即以解散收场；培田社区大学也曾提出通过发展社区经济壮大乡建经济的思路，并利用培田的旅游资源进行了一些尝试，最后团队在面临生存问题面前被风险资本带走了，而与乡建经济没有了关系。2018 年，部分新乡建机构组成了一个社会企业联盟，试图整合全国的乡建资源来共同推动乡建经济发展。但由于新乡村建设在过去对人才的培养中，没有任何企业经营的内容，而使大部分新乡村建设人才缺少市场思维，很难与市场进行有效的互动，乡建经济还有很长的路要走。

## 第 四 节
## 新乡村建设与农民和知识分子的关系

在翟城试验的时候，有一位农民给乡建组织送了一块牌匾，上面写着大大的五个字："农民的娘家"，这让工作人员和志愿者都受宠若惊，也因此体会到自己肩上沉甸甸的责任。农民的这种信任伴随着新乡建人一路走来，他们纯朴的力量给了新乡建人不断克服困难的勇气。很多知识分子也受到农民朴素情感的感染而参与到新乡村建设的志愿者行列中，成为新乡村建设的重要力量。

20世纪90年代末"三农"问题越来越严峻，一些农民进京"讨说法"。他们中的部分人敲开了中国改革杂志社的门，当时《中国改革（农村版)》刚创刊，打着"全心全意为农民服务"的口号。新乡村建设的发起人之一刘老石是当时的编辑部主任，他专门找了一个学法律的志愿者来为这些农民提供法律咨询。很多时候，不少刚到北京还无处安身的农民就在杂志社的走廊上打地铺，刘老石还会叫一些农民到其租住的房子里吃饭休息。之后刘老石创办了梁漱溟乡村建设中心，他也把这种与农民血浓于水的情感带到了梁漱溟乡村建设中心，影响着一个个新乡建人在情感上能够与农民合而为一，在实际工作中能够尊农民为师，与农民生活工作在一起，在实际中践行着"全心全意为农民服务"的理想。大学生支农调研项目的口号是"到农村去，塑造自我"，如何"塑造自我"？前提是能够到农村，向农民学习，唯有如此，才能更好地服务农民。新乡村建设的这些基本态度，决定了其与农民的关系一定是水乳交融的，是情同手足的关系。2014年以后，梁漱溟乡村建设中心的青年培养部就直接从北京搬到了山西永济的农村，和蒲韩合作社一起工作和生活，如果没有此前建立起来的信任关系，是不可能如此"亲如一家"的。即使新乡村建设在各地农村建立的各种基地，比如各地的社区大学、合作社等，因为各种原因没有继续举办了，新乡村建设工作者或志愿者在离开很多年后回去，也像回去走亲戚一样，彼此都非常亲切，农民们拉着志愿者的手，说得最多的话就是"你们什么时候再回来啊"，他们很期待新乡村建设能够回到这些村庄继续开展工作，依依不舍。

新乡村建设能以较少的成本产生一定的社会影响，并且实际也开展了不少的工作，这与其广泛地动员了社会志愿力量参与有关。这些社会志愿力量主要是大学生志愿者，此外是众多的知识分子和农民。其中知识分子对新乡村建设的参与主要包括两个方面，一是参与农民和大学生的培训，二是参与乡村调研和出席新乡村建设举办的各种论坛。将有社会理想的知识分子与农民结合起来，一直是新乡村建设的重要任务之一，因为知识分子对政策制定和人才培养都起着重要的作用，如果他们的视野中有更多农民，对"三农"有更多的理解和同情，那么相关的政策制度和人才培养也就会更有利于"三农"。新乡村建设早期，以温铁军为主，包括钱理群、汪晖、戴锦华、张晓山、黄平、杨东平、杨团、刘健芝、周耘、韩少功、张孝德、徐祥临等在内的知识分子参与了大学生志愿者交流和农民培训，这些人大多来自北京各高校和科研院所；在笔者参与的新乡村建设之路上，最早出现的是中央教育科学研究所的宋恩荣老师，他是民国乡村建设研究专家，由其主编的"民国教育思想家系列丛书"影响了很多年轻人。随着中国人民大学乡村建设中心成立，一批70后知识分子成为新乡村建设的积极参与者，包括周立、仝志辉、何慧丽、董筱丹、孟登迎、李旭、刘艳、汪明杰、梁鸿、黄灯、刘海英、曹立新、高明、闫爱宾、宾慧中、刘忱、萧淑贞、王松良等。福建的新乡村建设启动后，中国台湾的知识分子也以自己的方式有不同程度的参与，其中廖坤荣、陈茂祥、王瑞琦、林德福、刘昭吟、徐兰香等可以说是代表。新乡村建设二十年，参与其中的知识分子成百上千，但大多还是从外围参与为主，即参加论坛、举办沙龙、开展培训等方面，真正投身到农村，形成类似晏阳初时代"博士下乡"局面的知识分子，还是凤毛麟角。不过，当大多数知识分子自闭于知识的堡垒而距离民众越来越远时，这些能够在不同程度参与新乡村建设工作的知识分子是知识界的希望，他们的知识生产将更接近未来。

# 后记 ▲

　　新乡村建设是时代的产物，同时也有幸见证了这个时代，和这个时代同呼吸共命运，一同推动时代的车轮滚滚向前。民国乡村建设处于"三座大山"压迫的背景下，革命的洪流最终冲堤决坝取得了胜利，改良的力量望着渐行渐远的革命力量，只能摇头叹息。但革命成功后自上而下的改良努力，则让我们看到新的可能。新中国成立后开始的识字运动、合作社运动以及后来的赤脚医生运动，体现着上下结合的巨大力量。遗憾的是，这种力量在外力的压迫下扭曲变形，如合作社运动在国家重工业导向的战略面前迅速发展为人民公社运动，与农民的利益越来越远。新中国成立到改革开放的这三十年间，国家工业化从农村提取的剩余占了工业增加值的三分之二，和民国时期农民为革命胜利做出的牺牲一样，农民为新中国的建设也作出了巨大的贡献。改革开放后，这种牺牲在继续着，并且在很大程度上成就了中国今天的经济成绩。所以，当我们探讨精准扶贫的问题时，必须对农民的这种牺牲有清醒的认识。如果对此没有明晰的认知，我们所有扶贫的努力就有可能功亏一篑。新乡村建设正是基于这样的认识而启动的，可以说是最接近乡村真问题的一项社会运动，它试图通过重构乡村的经济和社会关系，重建乡村在工业化时代的主体性，促进各项权利回归乡村，回到农民手中。如此，精准扶贫才能够真正地实现农民主体地位。

在"新乡村建设是什么？"这个问题上，笔者曾将之总结为：乡村建设要面对的，正是在城市化、工业化的裹挟下，变得日益衰败的乡村，要面对在商品经济的冲击下，变得越来越原子化而丧失互助精神的农民，以及在市场化条件下，变得越来越不安全的农业。乡村建设是世界范围内众多批判性社会实践的一部分，其以组织创新和教育创新为两大抓手，谋求制度创新，简洁地说，就是"三个创新"。具体来说，包括几个方面：通过推动农村经济自组织的建设，发展在地经济，鼓励本地生产和本地消费，建立在地互助型而不是互争型、生态型而不是掠夺性的经济系统，减少农村经济的对外依赖度，保育乡土社会的互助传统；通过推动农村文化自组织的建设，发展在地文化，促进在地认同，形成有地方特色且积极向上的文化氛围，增强农村文化抵抗资本文化的能力；通过发展在地的平民教育，把人类社会几千年智慧的结晶播撒到农村，与农村本土知识结合，产生新的适切的真知，提升乡土社会认识世界和改造世界的能力。

在平民教育是什么这个问题上，笔者则将之总结为：简单来理解，平民教育就是平等的新民教育，公平的民生教育，和平的民权教育。平等、公平、和平是其价值内涵，即平等的教育机会，公平的社会，和平的世界。新民是其诉求，即平民教育的目标乃在于塑造新民。何谓"新"？它是相对于"旧"来说的，旧民的特点概而言之，我们称为"缺四个心"，即公共之心、合作之心、生态之心、包容之心，所以新民教育的目标就是要塑造具有公共力、合作力、生态力、包容力的新民。民生教育遵循的则是"人民生计为本"的理念，通过生产生活技能的教育，使每一个人都能掌握提升其生活水平的专业能力。一个公平的社会，其教育起点上的公平即体现在这里。民权教育是在"多元文化为根"的理念背景下，通过社区为本的公民教育，使每一个人在社会生活中都能尽其应尽之义务，享其应享之权利。所以说是和平的民权教育，有两层含义，一是其方法是和平、平和的，拒绝激进的，二是其目标是和平的世界。如此，平民教育可以概括为"三平主义"和"三民主义"的教育。

今天，世界正进入一个新的动荡期，新冠肺炎疫情在影响着每一个人的生活，影响着人类面向可持续未来的努力，中国也面临着新的挑战。尽管我们已经圆满地交出了 2020 年完成精准扶贫任务的答卷，实现了全部贫困县摘帽，但在今天的世界局势面前，我们的成绩无疑是脆弱的，需要予以持续的巩固。乡村振兴战略的提出和实施，在某种程度上可以视为巩固扶贫成果的一种努力。而二十年前启动的新乡村建设，其理念、目标、工作内容与乡村振兴战略高度一致，可以为今天自上而下的乡村振兴工作提供很好的借鉴。